刷新投资

成功投资的道与术

雷呈林　著

经济日报出版社

图书在版编目（CIP）数据

刷新投资：成功投资的道与术／雷呈林著. —北京：经济日报出版社，2023.3

ISBN 978-7-5196-1286-3

Ⅰ．①刷… Ⅱ．①雷… Ⅲ．①投资—研究 Ⅳ. ①F830.59

中国国家版本馆 CIP 数据核字（2023）第 031401 号

刷新投资：成功投资的道与术

著　　者	雷呈林
责任编辑	门　睿
责任校对	刘　芬
出版发行	经济日报出版社
地　　址	北京市西城区白纸坊东街 2 号 A 座综合楼 710（邮政编码：100054）
电　　话	010-63567684（总编室）
	010-63584556（财经编辑部）
	010-63567687（企业与企业家史编辑部）
	010-63567683（经济与管理学术编辑部）
	010-63538621　63567692（发行部）
网　　址	www. edpbook. com. cn
E － mail	edpbook@ 126. com
经　　销	全国新华书店
印　　刷	三河市龙大印装有限公司
开　　本	710×1000 毫米　1/16
印　　张	16
字　　数	200 千字
版　　次	2023 年 3 月第一版
印　　次	2023 年 3 月第一次印刷
书　　号	ISBN 978-7-5196-1286-3
定　　价	58. 00 元

自 序

AUTHOR'S PREFACE

　　本人专业从事投资有近 20 年的时间，第一个 10 年看了 6 个大类约 1500 本的书籍：投资类、管理类、心理学、哲学、宗教、人物传记 & 历史，第二个 10 年形成核心投研体系并做到知行合一，未来第三个 10 年里希望能取得较大的成果。在这筚路蓝缕的过程当中，我坚信成功投资中的明道和优术缺一不可，不但需要有一个好的投资哲学、好的投资心态，也要打磨一套好的投资技巧。好的投资哲学重要的就是两条：**保本第一和股权投资**。

　　巴菲特一直强调：投资的第一条原则是保住本金，第二条原则是牢记第一条，这要求我们把风险控制放在第一位，《孙子兵法》讲的先胜而后战，曾国藩的"结硬寨打呆仗"，韩国棋手李昌镐的"半目胜"，基本上都是这个逻辑。股权投资是让我们像做一桩生意一样仔细评估和寻找好生意、好公司、好价格三者兼具的投资标的，一笔成功的投资必定是最像股权的投资，如巴菲特投资的可口可乐、刘元生投资的万科、王富济投资的片仔癀、林园投资的茅台等。

　　基于以上的原则，我的投资方法就是找到价值、成长和安全边际三圆重叠处的好公司进行投资（图 0-1），这是对原教旨价值投资理念的优化和精炼，也是对投资第一性原理的实践。

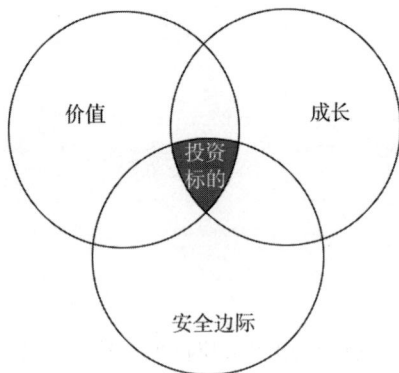

图 0-1　投资标的的选择

　　金融市场的投资史也是一部思想进化史，近百年来的理论和实践证明，如果你真正懂得并践行价值投资的四大基石（安全边际、股权意识、市场先生、能力圈），就一定能取得投资的持续成功。

　　写作本书的原本目的是希望对自己多年的投资哲学、投资理念、投资方法进行一个系统性的思考和总结，也可以用于公司内部的员工培训，后来本书草稿经多位同行、专家、朋友传阅之后力荐出版。书中个人拙见，难免有很多局限之处，希望读者批评指正。感谢阅读，也祝您开卷有益，投资红红火火，生活富足美满。

前言

> 从未遇见一位没亏过钱的富人，却遇见许多从未亏掉一分钱的穷人。
>
> ——巴菲特

这是一个最好的时代，过去 30 年中国 GDP（国内生产总值）由 1991 年的 2.2 万亿元增长至 2021 年的 114.92 万亿元，涨幅超过 50 倍；这是一个充满希望的时代，我们最关注的 A 股市场 1990 年从 0 开始，截至 2022 年 2 月，A 股总市值已接近 90 万亿元；这也是一个充满变化的时代，投资市场上潮起潮落，曾经大家趋之若鹜的明星股黯然退市，一些貌不惊人的新能源企业上涨 10 倍、100 倍，成为过万亿市值的行业巨头。

面对这激动人心的投资浪潮，我们普通人如何能获得一个很好的时代红利呢？我们如何把握社会的财富趋势，实现家庭财富的保值、增值甚至是财富自由呢？比较好的投资渠道又有哪些？这是一本散发着金钱永不眠的气息的书，让我们一起开始让人心动的探索吧！

首先让我们来看一下经济规模庞大、资本市场发达的美国，这或许是一个比较好的参考。从 1801 年以来的 200 多年，美国名义 GDP 年化增长率 5%，去除大约 1.4% 的通货膨胀率，实际 GDP 年化增长率大约为 3.6%。

美国从 1801 年起到最近大类资产的回报表现：

第一类资产是现金。受疫情影响、俄乌冲突，加之 2022 年年初股市大幅震荡，让我们深刻感受到现金的重要性，那么让我们来复盘一下美国过去 200 年里货币现金的表现。假设在 1802 年你有 1 美元，到 2011 年这 1 美元值 0.5 美分，200 多年之后 1 美元现金失去了 95% 的价值和购买力，这个结果大家都知道，最关键的是通货膨胀带来的货币贬值所导致的。

第二类资产是黄金。黄金是全球公认的、一个比较好的保值方式，也是优秀的避险资产。从图 2 可以看出，在 200 年前用 1 美元购买的黄金，今天值 3.12 美元。确实是保值了，但有点出乎大家预料，仅仅增值了 3 倍多。

第三类资产是长期债券与短期政府债。短期政府债的利率近乎无风险的利率，比通货膨胀要高，但收益率并不具有吸引力，只是比较稳定。从历史数据看，短期的债券在 200 年中涨幅近 270 倍；再看下长期债券，长期债券涨幅近 1600 倍，涨幅远远高于短期债券。

第四类资产是股票。经历了 1998 年、2008 年、2015 年几次大的市场震荡，很多人会认为股票更加有风险，更加不能保值。但实际上如果我们在 1802 年投资美国股市 1 美元，今天它的价格就是 103 万美元，在过去 200 年里升值了 100 万倍（图 0-2）。出现这样惊人结果的原因是什么呢？仔细分析我们会看到，如果除去每年通货膨胀的因素，细化到每一年的增长情况，年化回报可能仅有 6.7%。年年如此，每一年都在复利的基础上

增长，长期来看，复利的力量惊人。科学家爱因斯坦也曾说过："复利是
世界上第八大奇迹。"最宝贵的金融思维是：你不仅要深深明白复利的魔
力，也要知道取得复利是非常艰难的。

图 0-2 美国 1801 年来大类资产的回报

数据来源：杰里米 J. 西格尔，《投资者的未来》；李录，《文明、现代化、价值投资与中国》。

美国并不是个例，长期来看，受益于经济增长，波动性更大的股票在
许多国家都是风险最低但是收益可观的投资工具。（图 0-3）

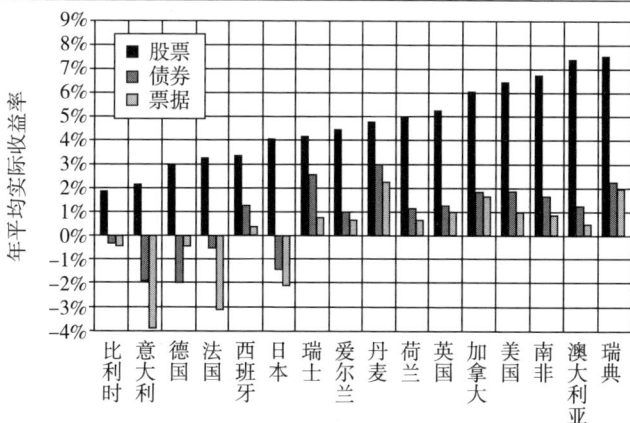

图 0-3　1900—2003 年国际股票、债券、票据的年实际收益率

数据来源：杰里米 J. 西格尔，《投资者的未来》。

当然中国的资本市场也不例外，截至 2022 年，虽说中国股市从诞生到现在，只有短短 30 多年的时间，也存在着各种各样的问题，经历了多轮过山车般的巨幅震荡，但即便如此，还是产生了一批涨幅可观的大牛股。

下面让我们来看下 A 股历史上涨幅较高的 20 只大牛股。

其中，有 17 只涨幅**超过 100 倍**，有 11 只涨幅**超过 200 倍**，有 6 只涨幅**超过 500 倍**，还有 3 只涨幅**超过 1000 倍**，排名第一的大牛股，涨了足足 3600 多倍！（表 0-1）

表 0-1 A 股历史上涨幅最高的 20 只牛股

排名	股票名称	股票代码	开始时间	最终日期	统计期间	起始价	最终价	涨幅（倍）	年化收益率
1	万科A	000002	1991/1/30	2022/4/1	31年	1元	3658.3元	3657.30	30.4%
2	格力电器	000651	1991/11/29	2022/4/1	26年	2.5元	6126.91元	2449.77	35.1%
3	福耀玻璃	600660	1993/6/30	2022/4/1	29年	1.5元	2169.52元	1445.35	28.6%
4	泸州老窖	000568	1994/5/31	2022/4/1	28年	5.83元	3872.90元	663.31	25.2%
5	伊利股份	600887	1996/3/29	2022/4/1	26年	5.95元	3035.11元	509.10	27.1%
6	云南白药	000538	1993/12/31	2022/4/1	29年	3.38元	1706.19元	503.79	24.0%
7	山西汾酒	600809	1994/1/31	2022/4/1	28年	3.5元	1052.82元	299.81	22.7%
8	贵州茅台	600519	2001/8/31	2022/4/1	21年	31.39元	9429.59元	299.40	31.3%
9	万华化学	600309	2001/1/19	2022/4/1	21年	11.28元	2404.59元	212.17	29.1%
10	片仔癀	600436	2003/6/30	2022/4/1	19年	8.55元	1767.73元	205.75	32.4%
11	特变电工	600089	1997/6/27	2022/4/1	25年	5.19元	1045.01元	200.35	23.7%
12	五粮液	000858	1998/4/30	2022/4/1	24年	14.77元	2694.04元	181.40	24.3%
13	长春高新	000661	1996/12/31	2022/4/1	26年	8.8元	1409.30元	159.15	21.6%
14	恒瑞医药	600276	2000/10/31	2022/4/1	22年	11.98元	1766.37元	146.44	25.5%
15	华域汽车	600741	1996/8/30	2022/4/1	26年	5.8元	756.75元	129.47	20.7%
16	紫光国微	002049	2005/6/30	2022/4/1	17年	4.78元	620.75元	128.86	33.2%
17	海尔智家	600690	1993/11/30	2022/4/1	29年	7.38元	862.63元	115.89	17.9%
18	通策医疗	600763	1996/10/31	2022/4/1	26年	4.08元	345.84元	83.76	18.5%
19	东方雨虹	002271	2008/9/26	2022/4/1	14年	17.33元	1405.60元	80.11	36.9%
20	杉杉股份	600884	1996/1/31	2022/4/1	26年	10.88元	824.00元	74.74	18.2%

资料来源：雪球 https://xueqiu.com/3300641942/217902035? page=80。

拆开来看：

第一档，涨幅 1000 倍以上的股票，共 3 只，它们是：

①万科 A，31 年，3657.3 倍。

②格力电器，26 年，2449.77 倍。

③福耀玻璃，29年，1445.35倍。

第二档，涨幅500~1000倍的股票，共3只，它们是：

④泸州老窖，28年，663.31倍。

⑤伊利股票，26年，509.1倍。

⑥云南白药，29年，503.79倍。

第三档，涨幅200~500倍之间的股票，共5只，它们是：

⑦山西汾酒，28年，299.81倍。

⑧贵州茅台，21年，299.4倍。

⑨万华化学，21年，212.17倍。

⑩片仔癀，19年，205.75倍。

⑪特变电工，25年，200.35倍。

第四档，涨幅100~200倍的股票，共6只，它们是：

⑫五粮液，24年，181.4倍。

⑬长春高新，26年，159.15倍。

⑭恒瑞医药，22年，146.44倍。

⑮华域汽车，26年，129.47倍。

⑯紫光国微，17年，128.86倍。

⑰海尔智家，29年，115.89倍。

第五档，涨幅70~100倍的股票，共3只，它们是：

⑱通策医疗，26年，83.76倍。

⑲东方雨虹，14年，80.11倍。

⑳杉杉股份，26年，74.74倍。

让我们转换一下视角，从另一个维度来看，全社会企业平均利润每年增长9%，每8年翻1倍，每16年翻2倍，每24年翻8倍，每32年翻16倍，股价上涨是有原因的，那就是上市公司利润或者说是生产力的增长。当然如果叠加另外一个因素M2（广义货币）的发行，每10年至少也是翻倍，所以配置股票市场就显得更为重要。

随着中国资本市场的高速发展，长期持有优质股票确实是财富保值增值的最佳路径。这里面坚实的理论基础在于：

◇　公司是市场经济的重要主体。

◇　优质公司可以持续创造更多现金流。

◇　优质公司由优秀人才创办、经营、管理。

◇　优质股权可以拥有个人无法创立的好生意（如贵州茅台、伊利股份、片仔癀、万科A等上市后涨了上百倍的优秀企业）。

巴菲特曾经讲道："如果你还没有找到一个睡觉时还能挣钱的方法，你将工作到死。"

我们需要一直辛苦地工作吗？对很多人来说，就是这样。我们需要一直工作下去，才能让我们的物质生活有所保障。如果想要创造更多的财富，仅仅靠勤劳和智慧是不够的，我们还需要投资，享受金融性资产收入。中国的工业化发展也到了新的阶段，同时房地产市场赚钱光环已经褪去，如何让资产保值升值？如何积极拥抱投资新风口？如何赢得10年10倍、100倍的收益？面临新时代，股票类、权益类的投资对我们每个人、每个家庭来说至关重要。

诺贝尔经济学得主罗伯特·默顿说："你可能在不懂得金融体系的情况下，变得很有钱。但是，如果你已经很有钱了，还不懂得金融，你的钱就会离开你，投资是有钱人最后一份职业。"

虽然长期来看，当国家经济持续增长时，股票是回报最高、风险最小的投资工具，但是要获得长期、持续的超额回报，不仅要明道，也要优术；不仅要跨过10000个小时定律的刻意练习，也要准备好艰难的心性修炼，更需要有十年磨一剑的坚忍。

在全球的投资市场中，每天都有几亿人在金融市场中博弈，都想寻找到资本市场的底牌，洞悉股市涨跌的秘密与赚取巨额利润的方法，但是资本市场是非常残酷的。华尔街有个说法："你如果能在股市熬10年，你应能不断地赚到钱；你如果熬了20年，你的经验将极有借鉴的价值；如果熬了30年，那么你退休的时候，必定是极其富有的人。"

但凡一个好的投资者，不管学过多少投资理论和模型，一定要经过两件事的历练：

（1）挑选出优质的公司，耐心、坚定的长期持有，穿越"牛熊"，能够经受住巨大跌幅且保持初心、不离不弃。

（2）在面临巨大的压力和困难面前，能够保持理性和清醒，回归第一性原理，坚持做正确的事情。

上述两项历练是对人基因层面的严酷考验，用绝望、挫折、恐惧、贪婪和压力进行无数次的测试，当投资者真正经过多重磨难，穿越过地狱之门、修炼心性、挑战成功之后，才能真正算得上是在投资。

这里举两个例子：

1. 巴菲特 & 比亚迪的成功案例

巴菲特持有比亚迪股票的过程：

2008 年，巴菲特在股价 8 港元附近买了比亚迪，比亚迪股价一口气涨到 80 港元，人们说：巴菲特不愧是股神。

2012 年，比亚迪股价跌到了 9 港元，巴菲特继续持仓不动，人们说：巴菲特"廉颇老矣"。

2017 年，比亚迪股价再度涨回 80 港元，巴菲特继续持仓不动，人们说：巴菲特果然是股神。

2020 年 3 月，比亚迪股价腰斩跌到 33 港元，巴菲特继续不动，人们说：巴菲特脑子坏掉了，要是自己股价翻十倍早就跑了。

2021 年，比亚迪的股价一口气涨到 278 港元，人们说：巴菲特真的是股神。

14 年间，比亚迪股价遭遇了 6 次腰斩，但巴菲特仍坚定持有比亚迪股份，14 年的坚守，为巴菲特换来了 40 倍回报、获利 700 多亿港元的投资神话。

2. 王富济投资片仔癀的成功案例

2021 年 6 月第一财经资讯发表了一篇文章：持股片仔癀 12 年暴赚 120 亿元，神秘的王富济是谁？

网络上也有相关报道：中国第一散户，靠买 A 股入选福布斯富豪榜！

王富济是一名上海的超级牛散，2009 年第二季度以三四元钱的价格建仓买入 275.51 万股片仔癀，期间，虽经历过多次的"牛熊"周期，王富济依然稳坐钓鱼台，岿然不动，重仓单一持有片仔癀，只增持不减仓。期间有两次股价下跌 50%，后来随着片仔癀股价不断创新高，王富济的财富也水涨船高，个人所持片仔癀股票价值在 2021 年峰值时达到了 121 亿元，净赚近 120 亿元。

在 2021 年片仔癀股价涨到 491.88 元/股的历史最高位时，王富济的投资回报是 195 倍，还没算上历年的 1 亿元多的分红，而王富济的持仓成本被摊平到仅有 3000 多万元！这也是我国第一位靠投资 A 股进入福布斯富豪榜的人，非常了不起。

这是一笔很难挑出毛病的价值投资：看清"护城河"，长期持有，唯一重仓，永不减仓，跟投资标的一起经历波动，持股 13 年上涨 100 多倍，年化复合收益率高达 40%多。

这也恰恰诠释了巴菲特的投资名言：投资只需要两件事，一是如何给一个企业估值，二是如何看待市场波动。

学习投资，巴菲特是一个绕不过去的高山泰斗。2022 年巴菲特股东大会时，巴菲特 92 岁，查理·芒格 98 岁，两位合计 190 岁高龄的黄金搭档，身体健朗，在台上侃侃而谈近 6 个小时，让人敬仰。数据显示，从 1965 年至 2021 年，巴菲特旗下的伯克希尔·哈撒韦公司年化收益率高达 20.1%，远高于标普 500 全收益指数的年化收益率 10.5%，57 年回报 3.6 万倍。（图 0-4）就是说，如果你在 1965 年投资了巴菲特公司 1 万元，现在账上应该是 3.6 亿元，收益非常惊人！

在古老的希腊，有一位伟大的哲学家亚里士多德，他在多年的研究中提出了"第一性原理"。亚里士多德坚定地认为，万事万物、任何系统，经过层层剖析之后，都会有属于它的第一性原理。这个第一性原理可以是一个根基性命题，或者也可以是一个假设，是决定事物最本质的不变法则，是天然的公理、基石、出发点、事物存在的前提。投资大师们都是坚持第一性原理，从本质上理解和几十年如一日地践行价值投资（图 0-5）。

Net worth of
Warren Buffett

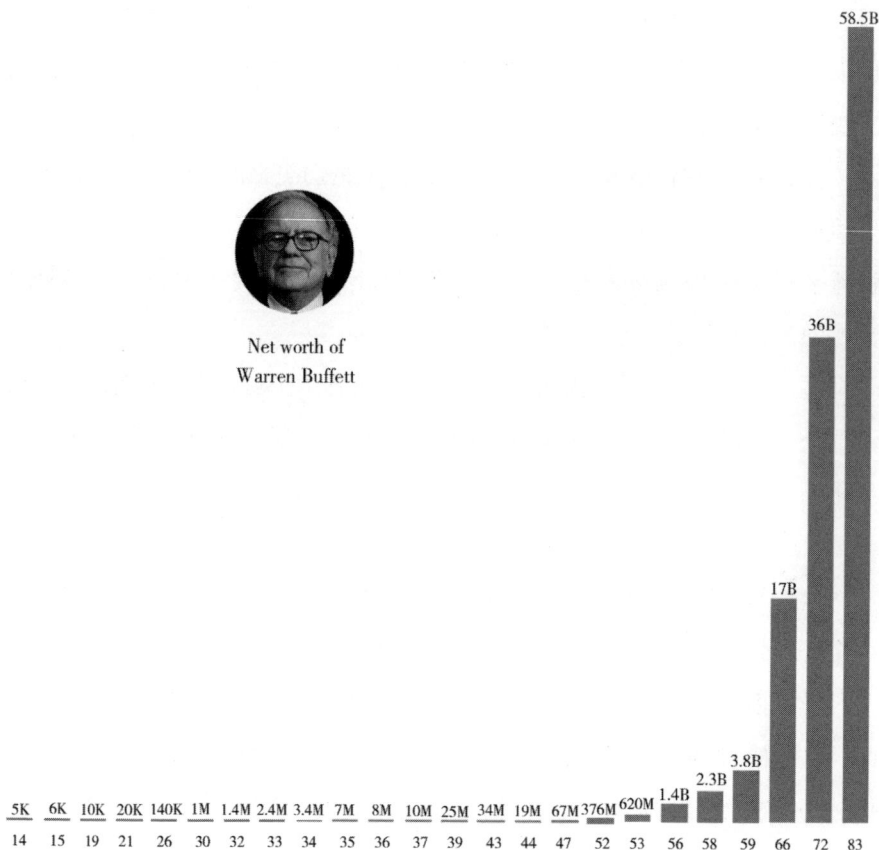

5K	6K	10K	20K	140K	1M	1.4M	2.4M	3.4M	7M	8M	10M	25M	34M	19M	67M	376M	620M	1.4B	2.3B	3.8B	17B	36B	58.5B
14	15	19	21	26	30	32	33	34	35	36	37	39	43	44	47	52	53	56	58	59	66	72	83

图0-4　巴菲特财富增长曲线图

资料来源：雪球 https：//xueqiu. com/5859104189/201043774。

图0-5　价值投资的第一性原理

投资体系的第一性原理到底是什么呢?

请记好这段话,格雷厄姆曾经讲过,任何的投资者想要在他的一生中持续获得投资上的成功,他不需要有非凡的商业能力和超高的智商,这些在投资中不是必备因素。但是必须拥有一套系统、成熟的知识体系作为决策的基石,而且能够保持理性和清晰,处理好情绪的波动,让情绪不要对自己的投资行为带来影响和侵蚀,这些至关重要。

本书我将介绍自己近20年来投资的系统性方法论:**价值 & 成长 & 安全边际**,缺一不可,取其三圆重叠处的好公司进行投资(图0-6),这里既有原则理念,也有方法技巧,希望能帮助大家抓住十倍、百倍的大牛股,一起赢得投资上的巨大成功!

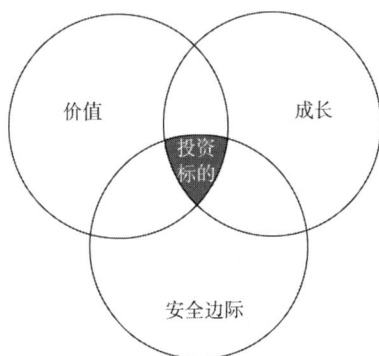

图 0-6 投资标的的选择

目 录

CONTENTS

第一章

安全边际的重要性

投资只有两条：第一条是保住本金最重要，第二条是牢记第一条。

——巴菲特

一、价值投资并不简单

买一种股票时，不应因便宜而购买，而应该看是否了解它！

——彼得·林奇

通过投资长期稳定赚钱是很困难的，否则谁愿意辛苦地工作呢？

伯纳德·巴鲁克曾经形象地说：如果你已经做好放弃一切其他东西，像医生研究解剖一样，仔细地研究市场的整个历史和脉络，并研究所有主要上市公司，如果你能做到上述的一切，同时，你还拥有赌博者的镇定、洞察者的第六感和狮子的勇气，你才有可能抓住一丝机会。

（一）安全边际是关键

投资是一门科学，更是一门艺术，安全边际在投资的过程中是必不可少、至关重要的一环。

安全边际是股票的现价与它最低的内在价值之间的折扣，在股价低于内在价值的时候选择买入，当投资中面临市场剧烈波动的时候，才会拥有安全边际。当投资出现操作失误、踏空、失算，或者市场、经济本身的起伏波动的时候，安全边际就体现出了它的价值和使命，它在这两者之间搭建起了缓冲的桥梁。

在投资的世界中，人人都可能会时运不济，操作上犯下错误，再加上市场剧烈波动等各种因素的影响，当投资者以远低于上市公司的内在价值买入股票，就会拥有安全边际。尤其是对价值投资者来说，拥有安全边际是长期价值投资成功的关键，高的安全边际可以承受住经济不景气、估值不准确，或者判断错误所带来的亏损。

所以，拥有安全边际是必不可少的一环：一是因为市场充满不确定性、混沌性和无法预测性，作为一名价值投资者，他要对未来的不确定性积极做好准备；二是在企业的估值方面谁都无法做到精准，这更像是一门艺术。

"划算"是投资过程的关键所在，格雷厄姆曾经表述过："安全边际总是依赖于所支付的价格。不管哪种证券，安全边际在某个价格时较大，在一些更高的价格时则较小，在一些更高的价格上时甚至不存在。"巴菲特曾经用承受力来阐述安全边际的概念："当你修建一座大桥时，假设你坚信它的承重量为3万磅，但你应该只让重1万磅的卡车通过这座桥。这个原则同样适用于投资。"

把安全边际运用于投资，回溯投资历史的发展历程，最早的传统价值投资者像卡雷特、施洛斯，他们重视的是现有企业的资产，仅关注"当下价格"<"当下价值"≈"未来企业价值"的这样的投资。逐步演变发展到巴菲特这里，他做了进一步的优化，从标的企业中寻找到"当下价值"<"未来企业价值"的优质企业，而且不吝啬用"当下价格"≈"当下价值"的价格买入企业股票，并进行长期的持有。从根本上来说，其实他们都选择了更好的安全边际的股票，即"当下价格"<"未来企业价值"。

在投资中，我们要十分重视投资的风险与收益是否有很好的匹配性。假如它的收益补偿是在完全充分的情况下，再高的风险资产也是有投资的可能性的。所以，我们投资的核心要义是要寻找到风险与收益出现不对称的机会，然后坚定投资。

价值投资是对潜在价值的谨慎科学研究，需要足够的纪律和耐心，只有在价格较潜在价值足够低时才会购买。划算的证券数量是一直处于动态中的，任何标的证券的价格可能与它的内在价值相差很大，也可能仅有细微的缺口。有时候，投资者对很多投资机会在进行大量充分调查研究分析之后，往往很难寻找到足够诱人的投资标的，面对这种情况，价值投资者只有保持足够的纪律和耐心等待机会，坚守不动，这也是价值投资者面临的最大的挑战。当然，这种耐心是必须的，因为价值经常会隐藏得很好。很多时候，较高的赢利就是市场付给你的忍耐费。

耐心是投资者最大的资产，比智力和勤奋都重要，耐心是价值投资、长期投资者关键的素质之一。机会有的时候更青睐于耐心、钝感的人，正如巴菲特所说："近乎懒惰的沉稳一直是我们投资风格的基石。"

（二）不要在意茶壶里的风暴

牢记价值，忘记价格，不要在意茶壶里的风暴。

一个成功的价值投资者应该具有比上市公司 CEO 更长远的眼光，在喧嚣的时候需要冷静，在绝望的时候需要勇气，在低迷的时候需要忍耐，视涨跌如无物、闻毁誉于无声。

彼得·林奇说："每个人都有足够的智力在股市中赚钱，但是并不是每个人都有足够的耐力。"对于价值投资者来说，他往往意味着要耐得住寂寞，懂得享受独处，不从众，对当下的投资热点不盲从，不去群众聚集的地方，懂得逆向思考，享受独处和孤独。在市场持续处于高估值的时候，价值投资者的整体表现往往会落后于一般投资者，也有可能跟不上当下指数的涨幅，整体表现可能不尽如人意。但是，从长期来看，价值投资会非常成功。

莫在高位慕名来，莫在低位转身去。

不在意茶壶里的风暴，坚守纪律，让这一投资哲学的倡导者很少放弃这一方法。

分享一个故事：

梓庆为鐻

很久以前，有个技术精湛的做鐻（音 jù，一种古代乐器）师傅，名叫梓庆，远近闻名，他做的鐻可谓是鬼斧神工。当时鲁国的国君听闻此事，感到非常好奇，于是就派手下召见梓庆。国君问梓庆："你是用什么高超技法制鐻的？"

"我是个工匠，谈不上什么技法。"面对君王的问题，梓庆这样回复："我只有一点体会，在做鐻时，从来不分心，而且实行斋戒，洁身自好，摒除杂念。斋戒到第3天，不敢想到俸禄、庆功、封官；第5天，不把别人对自己的非议、褒贬放在心上；第7天，我已经进入了忘我的境界。此时，我心中早已不存在晋见君主的奢望，给朝廷制鐻，既不希求赏赐，也不惧怕惩罚。"

在做鐻之前，梓庆会先排除一切内心的杂念和来自外部的干扰，进入山林中，寻找天然的、形态匹配的制鐻的优质树木，寻找到后，然后开始加工制作。

"否则，我不会去做！"梓庆于是向君王介绍了他的整个制鐻过程，对君王继续说道："以上的方法就是用我的天性和木材的天性相结合，我制成的鐻之所以被人誉为鬼斧神工，大概就是这个缘故。"

忘利、忘名、忘身！

请相信，所有煎熬都会化作强大的力量，助我们飞跃逆流。

有很多出类拔萃的价值投资者，他们会无视外界的噪音，只专注于自身，做好自己的投资业绩，拥有无比的耐心，不断寻找适合的标的，耐心等待绝佳的机会，直到好的机会出现。对于那些自己确定性价比不高的企业、看不懂的企业，和那些面临极大风险的企业，虽然诱惑很大，但是价值投资者会毅然选择敬而远之。

（三）投资者应该永远避免打坏球

这里再来分享一个故事。

77 格击球区

泰德·威廉姆斯是美国运动历史上 70 年来唯一一个单个赛季打出 400 次安打的棒球运动员。

在《击球的科学》一书中，他阐述了他的技巧。他把击打区划分为 77 个棒球那么大的格子。只有当球落在他的"最佳"格子时，他才会挥棒，否则，即使他有可能因此而三振出局，他也不会挥棒，因为挥棒去打那些"最差"格子会大大降低他的成功率。

泰德·威廉姆斯总是在等待，等待球进入 77 格才挥棒，为了提高成功率，他放弃了很多平庸的机会。这是他成功的核心。

其实，世界上很多事情背后的逻辑都是相通的。

77 格击球区是一个适宜于交易的思维模式。当然，更重要的以及更难的，是如何做到"知行合一"，知道了不等于能做到，这个过程很悖人性。然而，一旦做到了，就是另外一个层次和高度。

对于机构投资者来说，他们投资过程会倾向于一直满仓状态。这就好比打棒球比赛，比赛选手在比赛中必须去接每一个球，即使很多球接不到。机构投资者也是这种状态，停不下来，不停地进行投资操作。

对于个人投资者来讲，很多时候他们无法辨别出哪一次才是最好的"击球"机会。这些个人投资者和受约束的机构投资者一样，当他们看到很多参与的投资者频繁"挥棒"的时候，他们也会觉得自己的频繁操作也是理所应当的。然而对于价值投资者来说，"击球"不是目的，他们不会被眼前的其他投资者频繁"挥棒"所左右，他们"挥棒"的前提是必须处于极佳的位置，一击可中，命中率高。

当对投资者没有约束要求的时候，他们往往会表现出很好的成绩。当机会来临的时候，他们可能保持按兵不动，不"挥棒"，因为他们认为在普遍高估的市场中，是很难寻找到便宜的股票的。比如，一个有良好安全边际的股票会有8%的投资回报率，和一个同样良好安全边际的股票，但是会有20%的投资回报率的机会，不难想象，我们一定会选择后者。

一个好的投资机会应该是在低于内在价值的价格买入，这样的投资才会有好的绝对价值。但是投资者选择投资标的股票的时机，仅靠具有绝对价值还是不行的，寻找具有更好的绝对价值的标的进行投资才是比较好的选择，也就是寻找到低估程度最大的投资机会。如果一只股票的价格只是潜在价值的60%的价格，那是比较不错的机会，但是如果其他股票的价格仅为潜在价值的40%，会更加便宜，即严重被低估，有着更好的绝对价值和安全边际。从其他类型的投资者相比较来看，多种纪律性的约束让价值投资之路变得更加的艰难。

有时候，在低迷的市场行情中，被低估的证券数量是呈现增多态势的，随之而来的，单只证券的被低估程度也是越来越高的，这样一些好的投资机会就会涌现出来。相反，在牛市行情中，被低估的不管是证券数量还是单只证券被低估的程度都会大比例地减少。价值投资者在低迷的行情中，会挑选出最划算的买入机会，在牛市行情中，会保持理性和清醒，更加准确地衡量出标的证券的合理估值，避免出错，也就是永远不打"坏球"。

财富的获得是一个逐步积累、拥有复利思维、慢慢变富的过程。作为价值投资者，我们要坚定自己的选择，信任价值投资的理论和方法，然后还需沉得住气、耐得住性子。即使面对市场大涨大跌，我们也不必慌张，要心平气和。那么期待的一切，随着时间的磨砺，都会慢慢如约而至，从而实现厚积薄发。

没有永恒的磨难，也没有永恒的欢乐。我们要努力坚持住，一步一步发掘出其中的意义。

二、市场下跌是对价值投资的真正考验

你需要有耐心、守纪以及即使遭受损失和身处逆境也不会疯掉的能力。

——芒格

（一）面对涨跌，内心平静

当牛市行情来临时，整个市场表现强劲，大多数人在股价上升时变得自信、兴奋、贪婪，他们不是变现获利，而是去追逐赢家，上升浪潮迅猛，投资很容易获利，人人炒股，很多人都自吹自己为股神。但当熊市来

临的时候，市场大幅度下跌，一片惨状，投资亏损不停加大，投资者疯狂抛售，争相逃命，市场一地鸡毛，原来的股神早已消失得无影无踪，投资者恐慌、焦虑、绝望，苦恼着如何减少亏损，何时可以解套。

大涨行情很容易获利，但是下跌才是面临真正考验的时机，对价值投资者来说也是如此。在牛市行情里，投资者普遍看好的股票，会给予更高的估值和预期，这也就导致这些被大众关注的标的证券会有非常好的表现。但是当关注度下降，预期无法实现时，市场上的恐慌和嫌弃情绪就会随之而来，这些股票就会惨遭抛弃，面临股价大跌。不过，这种热门股票一般情况下也不具备安全边际，没有内在价值的支撑，被市场炒作一番之后，就会跌入谷底、无人问津。所以，"只有当潮水退去的时候，你才知道谁在裸泳"。

价值投资者不会为高预期股票欢欣鼓舞，他们不需要非常高预期的支持，或者直接忽略掉这些预期；价值投资者也不会丢弃那些被市场漠视冷落的股票。在投资的过程中，我们会发现，很多标的证券的每股净资产、每股未分配利润会高于标的证券的价格，还有一些把负债剔除后所剩的现金，即标的证券的净现金甚至都高于标的证券的价格。很多标的证券的价格与它收益和现金流所产生的比率其实是非常低的，也会比账面所产生的价值要低。

"在别人恐惧时贪婪，在别人贪婪时恐惧"，不因为上涨而欢欣雀跃，也不因为下跌而失去信心，任何环境之下都保持内心平静，耐心等待机会，找到价值和市场价格错配的好时机。赢家第一想到的是风险，而输家第一想到的是赚钱！

价值投资者当持有某只标的证券时候，是把它看作拥有了企业经营实体的股权。不管怎样，只要当标的证券价格低于它内在价值的时候，投资者就会拥有高的安全边际，这种安全边际主要由于投资者买得便宜和市场的低预期形成的。

股票或者债券的价格公布可能对糟糕业绩的市场预期企业产生进一步

影响，但是，已经充分反映较差基本面的标的证券价格，其实再下跌的空间已经不多了。

同时，金融市场与乌合之众会针对某些股票贴上一些标签，是能够赢得市场的青睐，还是市场对其嗤之以鼻，会对当下股价的涨跌产生一定的影响。投资者认知的改变会让这些股票的价格受益，如果投资者认为该公司未来有更好的发展潜力，未来有更高的价值空间，那么股票现在就被市场低估了，存在着很好的安全边际。

当投资者把精力放在公司的基本面和发展潜力上，那股票的价格会引起上涨的势头出现。随着公司的不断改善和成长，公司发展势头会越来越好，业绩、利润不断提升，股票的估值也会进一步提高，那么投资者就会从中获得良好的收益。

投资中，如果你没有经历过几次市值腰斩的经历，就难言价值投资，所谓以年为时间单位持有，也就是一句空话了。然而，巨大的财富往往就是这样练成的。究竟是什么东西可以让人如此长期持有、淡定持有呢？原因可能是多方面的，但其中关键有三条：

（1）树立长期持有优质股权的思想；

（2）能够经受住人性的折磨与考验；

（3）也可能是最为重要的，即深刻理解这家企业的优秀商业模式，以及洞察其未来的发展前景。

也正是因为有这种深刻的理解和洞察，所以投资者对所投企业的未来价值有个大致的预期，如此，才会做到涨不喜、跌不惊，任凭风浪起，稳坐长牛身。

（二）逆向投资的艺术

从本质上看，价值投资就是逆向投资。

著名的投资大师约翰·邓普顿说过，"除非你采取与众不同的行动，否则你不可能取得卓越的业绩"。逆向投资的背后，正是证券出现极低估值，并且具备反转的潜力，也就是具有良好的安全边际。不被看好的证券经常被低估，而炙手可热的证券几乎从来也不会被大众低估。

所以，大众要买的都是那些炙手可热的证券。这些炙手可热的证券因为有了非常乐观的未来预期，从而股价出现了大涨，但这些证券也代表不了已经被忽视的优秀证券的价值。作为价值投资者，孤独是永远伴随其左右的，远离人群，远离热门信息，坚守自己的能力圈，在敬畏市场的前提下，寻找到隐藏的机会。

价值投资不大可能出现在那些正被大众疯狂购买的证券中，只有当遭到贬低、被人无视的时候，证券的价值才会显现出来。

当证券被投资者大量抛弃，或者疯狂抛售的时候，价格已经到了远低于正常的水准。同样的道理，被忽视的证券或者新上市的证券，有时候也会经常被低估。不论是巴菲特、索罗斯，还是邓普顿、卡尔·伊坎，投资上的集大成者大多数都具有超强的逆向思维能力。

邓普顿被称为"逆向投资大师"，他坚持以价值投资为本，但是特别强调逆向投资，而且他特别擅长逆向投资，也敢于在市场极度悲观的时候逆向投资。逆向投资让邓普顿赚到了人生的第一桶金，也让他的基金业绩38年大幅跑赢市场。邓普顿的投资系统以逆向投资为中心，并与四个原则相互关联。

这四个原则是：

以价值投资为选股的根本；

以分散投资来降低组合风险；

以全球投资来扩大机会池；

以极度悲观观点投资为逆向投资的极致。

A股的情绪波动容易走极端，任何的概念和主题，无论真假，只要够炫够新，都能在短期内炒翻天，但爆炒之后不可避免的是暴跌，因此对于价值投资者来说，"人多的地方不去"是至理名言，更是赚钱的机会。

在最悲观的情绪中，牛市往往开始逐步诞生了，在大众的不断怀疑中快速地成长，在大众的极度乐观的情绪中走到成熟阶段，最后在登顶亢奋中走向死亡。所以，最不被看好的时候往往是最佳的进场时机，在大家乐观的时候要保持清醒的头脑，因为卖出的时机可能已经到了。

逆向投资者对证实自己的正确性有一些困难，因为要和大众的思想反着来，有可能他在一开始的时候是错误的，而且在投资一段时间后面临亏损的处境，要忍受得住煎熬，而这是反人性的。所以，投资者可能发现很难成为逆向投资者。然而，"乌合之众"总是在一段时期内是正确的，做短线、做趋势，跟随主流趋势走，接着"乌合之众"达成共识，然后共识演变成"羊群效应"。

所以，逆向投资者在最初并不能表现良好，它和市场走势相悖，市场趋势能够让价格脱离价值持续很长一段时间，且这种状况维持的时间可能更长，逆向投资者要有相当强的意志力才能避免随大流。

逆向投资并非简单的"与市场对着干""无视市场热点"，这种"逆"不是背离社会经济发展的大趋势，而是在顺应大势的前提下，保持清醒，不受消息、情绪左右，暂时性地与市场观点相逆。但是，当群体性观点影响了结果或者整体概率的时候，逆向投资思维的出现就非常必要了。当群体疯狂买入元宇宙、新能源概念的时候，这类证券价格就会被拉高，紧接着回报率就会逐步降低，这时群体大众观点被改变，最后逆向投资者获取到最后胜利的果实。

可以看到，价值投资是投资界的基石，但是作为普通的投资者是很难做到价值投资的，主要因为：

（1）价值投资秉持的是长期投资，需要有耐心，直到估值回归，或者企业的成长性起来了，这一过程需要很多年才能达成。对于大多数的投资者来说，他们急功近利、投机操作，急切寻求短期的盈利，而且要暴利。股市放大了人性，所以普通的投资者很难熬得住长期投资，很难忍受住孤独，价值投资策略是他们难以接受的。

（2）在整个投资市场中，任何一种投资策略都会有失效的时候，对于价值投资来说也是一样的。他们很多时候面临着输于大盘指数的涨幅，面临着亏损的局面。在大牛市的前期，成长投资的增长也会落后于市场，在市场泡沫的迷惑之下，很多投资者会摒弃价值投资的理念。

（3）股市放大了人性，价值投资是反人性的，逆向思考，和大众反着来。价值投资会把市场的波动当作可以利用的工具，像朋友一样对待，而非敌人，所以"在别人恐惧的时候贪婪，在别人贪婪的时候恐惧"，不追涨杀跌，坚定自己的信念，长期持有。这种特质在投机者身上是完全不具备的。

三、价值投资的基础是有效市场假说是错的

> 不入流才能入主流。
>
> ——西蒙斯

（一）证券价格会周期性出现错误

价值投资是一种成功的投资哲学，它是基于有效市场假说经常出错的

一种投资方法。

市场是很难战胜的，事实上确实如此。长期来看，绝大多数投资者的收益不会高于市场指数的涨幅。可同样也有些非常杰出的投资大师，像巴菲特、罗杰斯、索罗斯、林奇等，都获得了非凡的收益和成就。

在市场中，我们经常会看到证券的价格会因为周期的不同，出现错配现象。一方面如果普通投资者也认为证券价格有时候会被高估，有时候也可能会被低估，这种情况就有利于价值投资者的发展壮大；另一方面，如果未来市场证券价格是合理的，而且是有效的，这种情况就会让价值投资者无事可做。这个阶段就要好好评估整个金融市场是否还具有有效性。

（二）有效市场假说概述

经典的有效市场假说理论（Efficient Markets Hypothesis，EMH）是由诺贝尔经济学奖获得者尤金·法玛（Eugene Fama）在 1970 年提出的。该假说认为，在充分竞争、极度透明、功能齐全、法律完善的股票市场中，所有有价值的信息快速、精确地体现在了证券股价的走势中了，这里面包含了企业当下以及未来前景的价值，不考虑市场操纵的因素，要不然投资者很难从过往股价的分析研究中获取到超越市场水平的利润。

> 有效市场假说，可以分为以下形态：一是弱式有效市场，二是半强式有效市场，三是强式有效市场。

关于弱势有效市场假说： 在弱势且有效的情况下，市场上的价格已经完全反映了历史证券的价格和信息，其中就包括股票的成交量、买入卖出的价格、整个融资的金额等。

推论：假如弱势有效市场的说法是成立的，那么股市中的技术分析就会完全失去意义，通过基本面的分析就可以获得良好的超额收益了。

关于半强式有效市场假说：企业的发展前景和当下已经公布的所有的信息在股价中已经充分体现，这包括当下股票的成交量、盈利的情况、换手率、买卖的价格，还有企业管理的经营情况和其他已经披露出来的财务情况等。如果投资者快速获取到这些信息情况，那么股价也会很快做出反应。

推论：假如半强式有效假说是成立的，那么在市场中无论是用技术分析还是用基本面的分析都会完全失去作用，反而利用内幕消息会获得超额的利润。

关于强式有效市场假说：公司运营的所有信息在当下的市场价格中已经完全反映出来了，这些信息包含了公司内部已经被公开的信息和那些没有被公开的信息。

推论：假如强式有效市场假说成立，那么在这个市场中，很难找到获利的地方了，即便是基金公司和那些有很多内幕消息的人。

关于有效市场假说的三种形态，弱势有效市场的假说是成立的。

在弱势有效市场情况中，当下的股价已经充分反映了过往的历史信息，未来股价的变动也会与当下和历史的股价没有关系，这个时候如果用技术方式来剖析当下和历史的股价之后，想要预测未来的股价走势，这是没有意义的，所以技术分析在这种情况下是无效的。

利用技术分析是徒劳的。其他两种形态，证券的价格不会随机产生波动，也不会完全漠视已经获得的信息，市场价格确实体现了最新的公司信息。但是，我们也要看到，市场的有效程度还是远远实现不了的。

在投资者深入调查研究分析之后会发现，市场中没有获得有效定价的股票也依然能获得丰厚的回报。当证券价格大幅低于潜在价值时，投资者就会获得良好的收益，同时承担较低的风险。

尤其是证券价格大幅低于潜在价值股票的时候，投资者可以经常获得高于平均水准的回报，同时承担的风险低于平均水准。不过投资者很容易受大众群体思维的影响，即使资本化的程度比较高，投资者也很容易变得盲从，失去独立思考判断的能力，进而市场产生了无效的价格。

既然有这样的情况，那么未来的证券在某些时段会被错误定价吗？答案是，是的。关于有效市场假说的理论和真实金融市场运作的模式情况，确实是不相融入的。

下面来看看投资大师巴菲特对有效市场假说的看法。

巴菲特曾经在《格雷厄姆-多德都市的超级投资者们》一书中，通过对不同投资者的举例来阐述格雷厄姆的经典 9 条价值规律怎样在长时期内促进投资的成功，成为一种现象。

也许投资者的良好表现是具有随机性的，就像我们平常投掷硬币一样，也有可能书中所讨论的投资者们，是一些偏差的样本，他们仅是模仿而非效仿格雷厄姆式的投资策略，巴菲特认为应该还有其他的可能性。他解释，价值投资者的共性就是以低于股价的潜在价值的折扣价来购买标的证券的哲学。出现这么多的成功案例，这和有效市场理论存在是不一致的。假如市场是有效的，那出现很多相同的投资哲学但是持股很少有相同的，在他们的投资组合中，都能取得良好成绩吗？巴菲特指出此问题。他的观点一直没有得到有效市场理论专家的正面回答，这些理论专家更倾向于去证实已经被现实遭到驳斥的一些理论的正确性。

为什么股价会经常偏离其潜在价值，因此也让市场变得无效。原因有很多，最主要的原因是证券价格在短期内由供求关系来决定。任何情况下的供需力量都不要与价值产生关联。除此之外，投资者也会考虑潜在价值之外的因素，然后采取行动，操作上他们愿意出的价格与价值投资者们所出的价格产生很大的区别。

假如某只股票是某一核心指数的指标股，很多指数型的基金会选择购买这只股票，不会考虑股价是否已经被高估了。同样，如果某一股票成交量一直在增加，对于技术分析师来说这只股票肯定具有吸引力。也就是，技术分析不会考虑潜在价值的因素。如果公司近期增长力快速，那么这只股票会以"成长"股的基准来定价，这样的价格就会远高于价值投资者甘心支付的价格。

相反，如果一家上市公司最近公布了很差的业绩报告，它可能会遭受到只关注盈利的投资者的丢弃，那么股价就会出现大跌，下跌幅度要低于其潜在价值水平。投资者如果无法追加保证金来维持头寸，他们会被迫以很低的价格卖出股票。

机构投资者的行为如果受到外界的约束，会让股价偏离一定的潜在价值。比如，机构投资者用小市值、定价低来拆分股票进行卖出的行为，会导致在短期内出现供需失衡，被分拆出来的证券价格也被低估。如果企业公布出来的分红政策达不到预期，作为机构投资者会选择减持股票。作为债券型基金投资者，他们只能持有市场上投资级别的一些债券，假如评级机构把一只债券评级调至低于BBB级别，债券型基金投资者会立马卖出此债券，还有在年底的时候、季度末期对账面的粉饰行为以及出于对税收因素的卖盘，这些都会让市场变得无效，因为在价值之外的因素会获得优先考虑。

格雷厄姆曾经做过以下解释："市场并不是一杆可以准确称取重量的秤，无法通过一种准确且客观的机制来秤取每种证券的价值……市场是一台投票记录机，无数个体给出选择，这些选择部分是理性的，而部分是感性的。"

随着时间的逐步推移，证券的潜在价值总会体现在证券价格之中，或股东会认识到证券价值。这并不代表未来的股价会与潜在价值保持完全一致。很多证券价格会偏离其价值，而其他证券价值会更加接近于潜在价值，不管是哪种股价都会被低估或高估，也可能和潜在价值保持一致。但是，长期来看证券价格会向潜在价值移动。

证券价格脱离不了潜在价值。导致股价偏离证券潜在价值的因素都只是暂时性的。除此之外，有很多因素可以把证券价格和潜在价值保持统一。管理层方面可以拥有的权力也会让股价与价值的差距缩小，这些权力包括了股票回购、拆分子公司、调整资本机构、股票发行以及出售或清算企业等。委托书争夺战与敌意收购等因素将会变成股价与价值修正差距的催化剂。

所以，从某种意义上来讲，股票的价值投资也是在股价与内在价值的差额中进行的一种套利行为。套利交易原本就是指利用不同市场主体之间的价格差。金融市场的价值套利策略有时比较简单。比如，当市场中一只表现不好的封闭式基金短期的价格低于其潜在的价值时，持有这只基金的大多数投资者可以联合起来召开持有大会，表决这只弱势基金变更成为开放式基金（按照相关规定，持有人有权按产品份额净值来赎回本只基金产品），也可以选择清算的方式，将潜在价值被市场低估的基金份额直接按比例返还给持有人，以保证大家的利益。这个完美的价值套利例子是将一只弱势封闭基金合规转换为开放式基金或直接进行份额清算。

基金产品的低估和转换相对简单，在投资市场中通过购买一家正常经营上市公司被低估股票来选择进行套利操作以获取盈利就比较困难。这种价值套利工作的难度很大，关键在于正确衡量股票价值和价格的差距、企业竞争力情况、未来成长性、大股东的意愿及其所占股权份额、企业经营活动中各种风险和不确定性。

四、寻找诱人投资机会的缝隙市场

我只管等，直到有钱躺在墙角。我所要做的全部就是走过去把它捡起来。

——吉姆·罗杰斯

（一）知道在哪里寻找好机会

能够准确预测到未来市场走向的投资者，他们绝对不会做价值投资者。固然，当股票价格逐步上升时，对价值投资者来说，本身就是存在缺陷的；不被大众看好的证券涨幅也达不到大众的要求。除此之外，当对高估值的市场进行正确估值的时候，价值投资者也找不到更好的机会，他们会选择快速卖出证券。所以，对于价值投资者来说，市场下行的时候才是最好的时机点。

那些只关注上涨因素的大众，显得过于盲目的乐观，稍微风吹草动都会被他们过分重视，运用安全边际进行投资的价值投资者，他们可以很好地避免市场下跌带来的损失。

在投资的过程时，最重要的关键一步是知道好机会在哪里。价值投资吸引人的地方在于简单、清晰：企业持续不断的经营、源源不断的现金流、不断的业务增长，但是股价却是很大幅度低于它的潜在价值。很多情况下，投资者处理大量的市场信息、企业信息，研究大量的上市公司的财报，紧跟当下最热点的信息，以及当下股票价格和债券价格的市场整体走向，毫无目的地进行广泛信息搜集与处理，最终导致了投资者把时间花费在了毫无价值、价格已经高于潜在价值的股票上了。

好的投资机遇凤毛麟角，天上不会掉馅饼，必须通过自己的刻苦钻研才能找到好的投资机会。投资者不应认为，仅仅通过浏览分析师的建议、卖方给出的研报，或者某位有良好口碑和知名度的投资大师的推荐，或者哪套软件筛选出了良好的投资建议（不管这套系统的程序多么智能化，尽管有时这种方式也会出现一些好的投资领域），就能毫不费力地找到好的投资机会，显然这是不可能的。好的投资机会是非常稀缺的，只有通过敏锐的观察、科学严谨的调研、勤奋的"翻石头"，才有可能辨别出哪些行业和企业会出现吸引人的投资机会。

（二）如何理解投资世界的本质

投资的根本点是寻找到好的生意、好的公司、好的价格，如果要做成一笔非常好的投资，"三好"标准是必不可少的。满足了"三好"的条件，一个企业不管是在什么市场上、在什么板块内，或者何时，即使没有上市也不会影响投资的根本点。针对这个情况，投资者不能有成见，要努力寻找到投资的本质，不被眼前的市场波动和情绪所左右，不管市场如何波动，"三好"公司都不会受影响，对于杰出的投资者来讲，只有宏观环境的好坏、企业的好坏以及企业估值的高低之分。

通常情况下，某些企业证券的分析越是简单，打折扣越大，就会越让其他人看到机会。

因此，回报率高的企业的证券价格跌至诱人的投资机会是比较少见的。作为投资者必须有深厚的研究功底，能够发掘隐藏在数据背后的价值和情况，多方面、多维度对一家企业进行深入调查，能够清楚知道一家公司的真实情况（图 1-1），从而找到那些被低估的机会，逆向投资，长期投资，陪伴其成长。

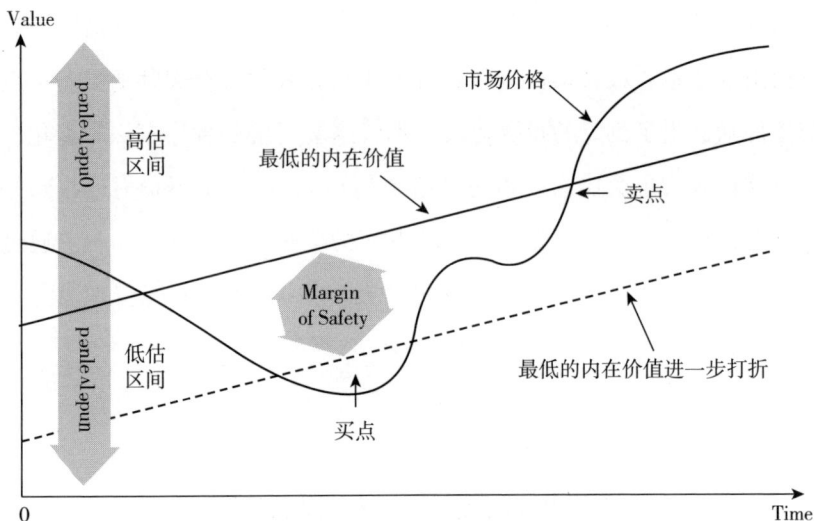

图 1-1　安全边际解释图

资料来源：https：//www.toutiao.com/article/6943095751404765703/？channel＝&source＝search_ tab。

（三）敏锐洞察企业的"催化剂"

当一只股票以低于潜在价值的价格持有以后，如果股票价格涨到能很好反映潜在价值的水平，或者一些事件的发生或者消息的传播使得股票价格实现了快速拉升，股价提早反映了潜在价值，那么投资者可以快速获利了结。这种获利是不依赖市场的推动。因为能够很快地涨到潜在价值水平，投资者会很快拥有更高的安全边际，这类事件通常被称作"催化剂事件"。

催化剂事件是一家公司或一个行业根本性变化的前兆，一旦出现催化剂事件，公司或行业基本面会变，市场预期会变，估值会变，股价也会随之而变。催化剂事件是共识趋势的一个突破点。共识的平衡状态被打破，会形成新的共识，一个可感知的新方向，其间的摩擦损耗和时间损耗也随之下降，受强势能和低摩擦的双向驱动，上涨趋势得以形成。

在投资中，催化剂事件多单指正向的、利好的促进作用，引起股价大幅上涨的利好事件，"催化剂"是打破公司的基本面、心理面、技术面的平衡状态，触发股价变化的重大事件。每种"催化剂"的力量各有不同的影响，有的可以完全实现价值，有的只能部分实现价值。比如，针对一家公司的出售或者公司清算是可以实现完全的价值的。但是如果是资本机构的调整、出售大型资产、新投资、新产品、新业务落地、财报显现业绩拐点以及股票回购等事项，一般情况下只能实现部分价值。

催化剂事件有基于宏观面及行业的，也有基于具体上市公司的，其中公司的催化剂事件比较普遍。一家企业的管理层和董事会的判断力以及经营管理能力对实现潜在价值的催化剂起到很大的助推作用。例如，企业内部做出了清算或者直接卖出的决策。其他催化剂因素会与企业的表决控股权存在很大的关联。董事取得公司的投票控制权，因为管理层的主动操作让企业采取了行动，从而加速兑现投资的时间价值，股价全面地体现潜在价值。

比如，美的集团对小天鹅的私有化退市、格力的股改高瓴入驻大股东，海尔智家拟私有化港股和港股上市，阿里入驻美年健康和分众传媒等，都可以看作股权结构和资本化运作的催化剂事件。又如，小米在5G窗口转换期发布、定价首款5G手机并预定上市时间；汤臣倍健2015年推出蛋白粉外的其他大单品战略；天齐锂业澳洲锂矿量能爬坡叠加国际锂价见底回升，新投资、新业务和新产能等落地构成了催化剂事件。

价值投资者总是能敏锐地洞察企业的催化剂事件。投资中应用催化剂事件，首先要确定投资的标的是个好公司，这是投资的前提，然后确定估值合理。虽然价值投资的概念特征为用低于潜在价值折扣的价格买入证券，但是经过了催化剂事件，可以很快地实现全部或部分价值，这是投资者获取利润的非常重要的手段。

同时，假如潜在价值与股价之间的价差快速消除，那么因市场的波动或企业经营收益下降或者管理经营不善而导致损失的概率，会通过催化剂事件降低投资上的风险。但是，在没有催化剂事件的影响下，投资者会很难找出潜在价值，而且潜在价值和股价间的价差会因为市场行情因素而增大。所以，投资那些拥有催化剂事件的公司可以降低组合投资的风险，这样也就增强了安全边际。

通过催化剂事件部分实现企业价值，有两个非常重要的目的：一是可以很好地实现股票的潜在价值，有的时候会采取股本结构调整的方式，或者利用资本化的手段把价值合理地给股东们做兑付，除此之外也会通过金融手段或者市场操作来缩小股价与价值之间的价差。二是一些企业通过采取一些积极的行动措施来部分实现潜在价值，为股东们实现良好的利益，这样的企业是值得关注的，因为这样的企业会在未来进一步积极寻求实现企业价值的措施。

（四）投资者要具备怎样的安全边际

投资者要具备怎样的安全边际才能更好地开展投资呢？每个投资者的回答都会不一样，你能承受得了多差的霉运？你能承受多大幅度的波动？你可以忍受错误的极限是多少？对待大幅度亏损的承受力决定了以上问题的回答。

一般的投资者不会太在意安全边际，即使对于价值投资者来讲，多高的安全边际算是合适的，也会存在很大的分歧。有些成功的投资者像巴菲特、芒格，这些投资大师会有强烈的意识，对于企业的无形资产产生的价值——比如企业的商誉或者牌照等，可以不必通过继续投资而维持无形资产的价值，可以持续保持良好增长，最终通过无形资产可以变现——良好的自由现金流。当然，这些无形资产也有问题存在，它的安全边际是有限的，或者说安全边际不存在，当公司出现问题，或竞争对手开始进攻，通过无形资产产生的安全边际是可以忽视的。

与之相反，有形资产在评估上是可以更加精准的，为投资者提供高的安全边际，避免亏损。有形资产拥有价值，尤其是在替代用途上。比如，一家连锁商超经营不下去，没有良好的盈利，那么商超的货物是可以清算的，它的应收账款也能被回收，租赁的场所也可以转租出去，房地产也可以出售。

对于投资者来说，他们确定的安全边际该如何获得呢？选择证券价格低于它潜在价值的证券进行投资，以及在有形资产上会更看重些，但是这也并不是说，对有着良好无形资产的公司进行投资就称为差的投资。当投资标的的价格开始反映其潜在价值时选择卖出，当没有更好的投资机会时择持有现金空仓等待，不断寻找高安全边际机会，直到更加有吸引力的机会出现时再进行投资。

与此同时，投资者要能感受到周期，万物皆有周期。对价值投资者来说，最确定、最重要的是要买得便宜，然后要关注到周期，最不确定的就是预测市场。市场如四季的更替一样，周而复始，春有百花秋有月，夏有凉风冬有雪。

如果投资者在市场上待的时间足够久，那对周期的更替会有更好的认知，历史总是惊人的相似，但不会简单地重复。这背后体现的是亘古不变的人性。在不同的周期有不同的应对策略，而不是要去预测市场和赌风口。关注周期以及多个周期背后凸显出来的真正趋势，会给投资者一个全新和更为可靠的世界和视界。

五、别找"市场先生"寻求意见

市场存在的目的，是为我们提供参考的，方便我们发现是否有人干了蠢事。

——巴菲特

（一）把"市场先生"当作可以利用的工具

"市场先生"是格雷厄姆编著的《聪明的投资者》中的寓言故事，对几代人的投资行为产生了深远的影响。巴菲特曾经表述过："为了使自己的情绪与股票市场隔离开来，我们应该将'市场先生'寓言故事牢记。"

"市场先生"的寓言故事，讲述的是：你假定设想下，有个特别热心肠的名字为"市场先生"的人，你和他都属于私人公司的合伙人，他给你做了市场报价。"市场先生"会每天报价，报出买入你手中股票的价格和卖出他手中股票的价格。

尽管所持有的企业经营情况非常稳定，但是"市场先生"每天的报价却波动非常大，受情绪的影响很强。当他心情愉悦的时候，你就会看到对企业发展的有利因素，报出的价格就会比较高，急切地想买入你持仓的股份；但是当他心情沮丧的时候，你只看到不利因素，报出很低的价格，急切地地想要把股份快速甩卖掉。

所以，当我们看到这种情况后，如果他表现得极度愚蠢，我们可以很好地利用"市场先生"，千万不要被他的情绪所左右，要不然就会付出惨重的代价。

"市场先生"指的是市场会报出一个他乐意购买或卖出的价格，却不会告诉你真实的价值。并且，"市场先生"情绪很不稳定，在欢天喜地和悲观厌世中摇摆，它会受到各种因素的影响，所以价格会飘忽不定、扑朔迷离。而企业的"内在价值"是指股东预期未来收益的现值，企业的"内在价值"往往是一个估计值，而不是一个精确的数字，不同的人会有不同的判断，"市场先生"也会给出不同的反应。

对价值投资者来说，市场的存在是为你服务的，让你有机会买入，也可以在有需要的时候卖出。但市场上只体现出价格，它不能告诉你企业真实的价值是多少，所以，我们要把市场当成可以利用的好工具。在其他时间段里，投资者要忘记股市的每天涨跌波动，把关注点放在企业经营所产生的利润和股息回报上。

其实绝大多数的投资者从根本上来讲其实是投机者，他们看不懂"市场先生"带来的非理性，他们会错误地认为"市场先生"可以作为投资的指导，把他当老师，当证券价格被"市场先生"降低的时候，投资者也不评估其内在价值而仓促地选择卖出，经常在更高的价格杀进去买入，完全被市场牵着鼻子走。

现实情况是那个"市场先生"什么也不知道，他只是市场里众多买者和卖者们集体行为的产物而已。投资者与投机者被市场情绪影响产生亏损，但是，如果能深入懂得"市场先生"不间断的无理取闹的行为特征，利用他的非理性的行为，那投资者可以在长期的投资过程中收获丰厚的回报。

所以，投机者和投资者最明显的差别就在于两者对于股票市场涨跌的态度不一样：投机者在于预测市场，获得收益；投资者则是按合理的价格购买且持有合适的证券，尤其是对于聪明的投资者来说，他可以在各种证券中寻找到廉价交易的机会。

所以，成功的投资者会懂得利用他人的恐惧和贪婪为自己的投资而服务，不会受情绪波动的影响，通过理性深入研究分析之后，坚定理智地采取行动。

（二）不要预测"市场先生"

投资者近期的操作决定会受到"市场先生"每日波动的影响，会让"市场先生"左右自己的判断。如果近期买入了某只股票，那价格出现了上涨就会提供正向的反馈效果，如果下跌就会提供负向的反馈效果。

当买入之后，股票价格出现了快速上涨，投资者就会认为这只股票比之前评估得更加值钱，继续持仓不动。而且预测未来"市场先生"的行动有助于价格上涨，于是投资者就会持续高价买入进行加仓。仅仅投资者认为股票应该继续会上涨，他们就会坚持持仓不动，对公司基本面的恶化和公司内在价值的降低选择了视而不见。

同样，如果买入以后股票出现了下跌，很多投资者都会悲观、焦虑起来，就会误以为"市场先生"知道很多信息，比他自己的判断要正确，于是担心最初的买入是否正确，忘记了之前对这些企业的价值做的合理估值，在恐慌情绪中选择卖出持有的股票。理性思考一下，如果最初经过了审慎的研究和合理估值之后，以低于潜在价值的价格买入了这些股票，如果股价出现了下跌，应该利用好这次下跌的机会加仓股票，这样就可以摊低了持仓成本，获得更高的安全边际。

投资者很多时候不清楚是什么原因导致了证券价格的波动，或许由于内在价值出现了变化，或许由于缺少内在价值而发生变化，或许和内在价值的这种变化没有一点关系。短期内看，投资者反复无常的情绪对股票价格的影响和企业实体的状况一样的重要。投资者从来就没有搞清楚是否未来事件已被预期到了，并且已经体现在当下的股价中了。

因为不清楚证券的价格究竟体现了什么预期，或者是什么原因导致了证券价格的波动，投资者必须在波动之外看到相应企业的内在价值，清楚两者之间的内在联系，并把对两者的比较作为投资过程的一部分。

彼得·林奇曾经说过："投资的过程，80%的时间都是在忍耐和等待中度过的，真正快乐的时光不到20%。股票的投资收益是'非线性的'。很多人想躲过这80%的震荡或者盘整，分享这20%的上涨时间，但当你心生这个念头的时候，你损失的往往是100%！"

六、坚持只做自己知道的事情

你所不知道的，不会令你陷入麻烦，令人陷入麻烦的，一定是你知道的。

——马克·吐温

古罗马有一个伟大的哲学思想家爱比克泰德有一句名言：在生活当中，有些事情是我们可以控制的，有一些事情是无法掌控的。所以拥有理性的能力对我们非常重要，这让我们不仅能思考自我，又可以对万事万物进行思考。

芒格曾说："我能取得今天的成就，就是只投资自己看得懂的、在能力圈内的公司。"

能力圈，即投资者在自己的经验、智慧和专长的基石上提炼出的洞察力所扩展的作用范围，这个洞察力可以帮助投资者对潜在的投资标的精准地判断出是否具有不断的竞争优势。能力圈边界的界定，就是所讲的洞察力作用范围的"有效射程"。

（一）界定能力圈

巴菲特也曾表示能力圈的原则是投资成功的关键所在（图 1-2）：作为一名合格的投资者要具备对所选择公司进行准确评估的能力，特别要注意到"所选择"这三个字，也就是你不必成为通晓很多企业的专家。只需要评估准确自己能力圈范围内的公司就已经足够了。像巴菲特，他仅投资他自己通晓和喜欢的企业，重点研究那些看似枯燥无味的领域，对热门公司选择回避，即巴菲特可以忽视掉超出自己投资能力范围之外的机会。更为重要的情况是，对待那些别人赚了大钱自己却错过的机会，他依然能保持内心平静、淡然处之。

有些投资者认为自己很聪明，他们可以驾驭很多的事情，起码他们会经常这样表现出来。他们会认为世界永远是在变化的，人们也要跟得上步伐，与时俱进。但是问题就在于，没有人会做好每一件事情，不停地更新迭代和学习新事物是非常难的事情。

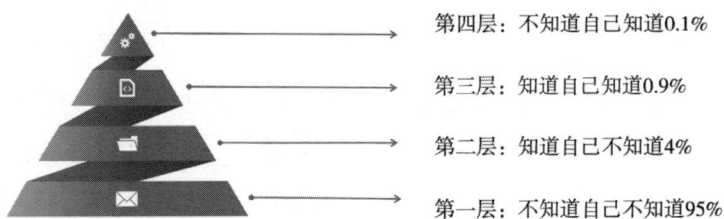

第四层：不知道自己知道0.1%

第三层：知道自己知道0.9%

第二层：知道自己不知道4%

第一层：不知道自己不知道95%

图 1-2　人类认知的 4 种层次

对价值投资者的能力圈来说，能力圈作用范围的大小不是最重要的，最重要的是如何界定自己能力圈的扩展边界所在。如果知道了能力圈扩展的边界所在，那投资者会远远富有于比他大 10 倍能力圈但却不知道自己能力圈扩展边界的人。

写出自己真正了解企业的名字，在它周围画一个圈，然后衡量这些企业价值的高低、管理的优劣、出现经营困难的风险等方面，再排除那些不合格的企业。

当某只股票大涨的时候，我们常会听到一些投资者后悔当初没有入手，其实是对某只股票并不了解，在自己能力范围内没有得到的才算是损失，不在能力圈内表示并不是你应得的。

对于能力圈以外的公司，无论别人如何看好也不要理会，因为拿自己不具备的能力和别人的优势相比，输的概率很大，想要提高成功概率，就在自己能力圈内发挥。

（二）恪守能力圈

实际上，所有的价值投资者都不自知或者自知的在自己能力圈内坚守。比如，戴维斯公司只会投资那些涉及保险业务为主的金融企业，施洛斯公司也只投资看得懂的矿业和工业企业，价值投资者都会回避那些看不懂的科技股，赚自己能力范围内的回报。虽然这种做法让他们错失高科技行业带来的巨大利润，但是，有所取与有所不取、有所为与有所不为，才是真的称得上为大智慧。

芒格讲过，过往的经验会验证一个古老的观念：只要你做好准备，在人生的过程中抓住屈指可数的机会，并且迅速果断采取行动，做合乎逻辑且简单的事情，那他这辈子的财富就会出现巨大的增长。

上面所讲到的这样的机会凤毛麟角，但是通过不断等待和寻找，充满对求知欲的渴望，而且积极对各种可能性做出研究分析后，仅有的机会就会出现在面前。机会来临以后，假如获胜的概率非常大，那价值投资者就会选择重仓下注，把积攒的资源押注上，无须频繁地调仓换股、买进卖出，只需几次重要的决策就会造就投资生涯的成功。

投资者现有知识决定了他的能力圈范围。能力圈不是一成不变的，它是可以随着时间、通过学习不断扩展的，但不会太快。所以在短期内，投资者可以认为能力圈是不变的。短期内，投资者尽量让事情在能力圈范围内，长期则需要努力扩展自己的能力圈。想要扩大能力圈，就需要不断提高专业知识、不停地迭代更新，建立起自己的多元思维模型，进而扩大能力圈。

有了安全边际及能力圈的保护，使得价值投资损失本金的概率进一步降低，而盈利的概率进一步提高，极大地提高了收益的确定性。

七、多少研究和分析才足够

> 不研究基本面就去买股票，跟不看牌打牌是一样的，赚钱的概率很小。
>
> ——彼得·林奇

价值投资比较根本的特征就是研究驱动，除了使用估值理论、资产定价模型、投资组合等策略之外，投资者还要坚持事物的第一性原理，努力发掘包括基本的公理、底层逻辑、处事的哲学、人类的本性和万物的规律，建立起多元思维模型。

（一）获取信息的 80/20 原则

一些投资者对企业进行深入研究，对行业和竞争情况进行研究，也会研究企业过往的财务报表和从上市至今的股价走势，最大限度地获得与自己即将进行投资的有关信息。

如此努力刻苦的研究确实是值得夸赞的，但这样的做法也存在一些不足之处。首先，很难把持仓股票的所有信息都整合在一起，难免有些信息发现不了或者被隐藏起来，所以投资者要适应在信息不完整的情况下做投资决策。其次，即便投资者可以获取到有关持仓股票的所有信息，但是也并不能表示一定可以从中获利。这并不能说明基本面没有什么意义，信息的获取上其实也要遵守 80/20 原则：80% 的信息在 20% 的时间内获得。

完全依照基本面的分析方法会把边际成本降低了。很多时候，犯错误的原因并不是你收集的信息不全或者收集了错误的信息，而是你过于相信自己所掌握的信息。

有些信息并不能轻松地获取到。正常情况下，一些公司会把不想被公开的信息阻止传播出去，尤其是专有的信息，这是严格保密的。在信息发布上做一定程度的限制也使得投资者获取信息变得复杂化了。商业信息是易变的，由于经济环境经常会发生变化，行业竞争格局也是变化的，还有企业的经营绩效和行业的地位都是会发生变化的。

善于识别信息的权重，到底哪些信息已经是市场的存量信息，哪些信息是市场的增量信息；哪些信息在哪个阶段是重要信息，哪些信息始终重要或不重要。市场的其他参与者也在积极收集信息和快速更新信息，这样投资者就会降低信息优势。

虽然很多分析师不管是对行业还是对企业，都具有杰出的洞察力，可是投资者采纳这些分析师的投资建议是无法获得优秀回报的。做出分析建议是分析师的工作，而非以盈利为目的，所以这并不是明智的建议。从获得信息到转化成利润只是刚刚开始了一小步而已。

在信息不完善的情况下，投资者做出投资决策经常会获利，同时要承担不确定性的风险，这样的风险也会使投资者获利。投资者如果在一些细节问题上刨根问底浪费了太多的时间，因此就会错失最佳低位买入的时机。低价提供了安全边际，尽管所获得的信息并不全面。

（二）关注企业管理层的举措

投资者在研究公司时，会寻找和公司有关的各种信息，但也经常会忽视掉重要的线索。企业内部管理层和股东是最了解自己企业情况的。企业管理层的动机是决定一项投资最终结果的重要因素。

当管理层或股东增持公司股份，这对市场传递了一个非常利好的消息。一些企业也会通过股票期权或者股权激励等方式对公司管理层进行激励，这些激励计划会刺激管理层努力来提高公司的股价。投资者需要对那些所投公司的管理层的动机保持关注。

通常管理层一些积极的举措可以对股价与潜在价值之间的差距带来较大的影响，时间一长也可能对公司价值本身产生积极影响。如果一家企业的管理层的薪酬标准是收入总资产或净收益，那么管理层就会忽视股价而关注于那些反映企业表现的指标上。同样，如果激励措施与股价涨跌有关，那么管理层的关注焦点就会不一样了。

同时，投资者也要关注公司创始人有没有格局，执行力如何，有没有创建高效组织的思维和能力，有没有企业家精神。

公开信息和内部信息之间的模糊界限让投资研究的过程变得更复杂，虽然使用内部信息进行交易是违法的，但对内部信息却一直没有明确的定义。当投资者对某一标的证券进行研究分析的时候，获取信息时走多远才合适呢？

这个问题没有确定的答案，投资者在投资研究时必须尽最大努力来遵守法律。因为法律中的规定并不明确，遵纪守法的投资者会因为不清楚而犯错，他们可能会在所获信息更少的情况下进行投资。当投资者不确定自己是否已经越界的时候，在进行交易之前，应该先问问消息来源或者其他权威机构。

（三）关注商业模式

这个生意的本质是什么？赚钱逻辑是什么？竞争格局如何？是寡头垄断还是充分竞争？成长空间有多大？市场空间有多少？行业与企业定位如何？提供什么产品或者服务？在过去、现在和未来能够创造多大的销售规模？一般主要考察行业与企业的定位，即站在当前时点，行业与企业处于何种位置？未来将如何发展？

投资者要警惕那些夕阳行业，关注企业有没有"护城河"？在行业内的垄断性如何？等等。

企业的竞争状况如何？商业的本质是竞争，而竞争的本质是创造差异。投资者主要分析企业结构性的、差异化的竞争要素，即主要考虑两个问题：

◇ 市场的集中度一定会提升吗？比如某个行业未来增速非常高，但如果持续涌入很多家企业，每家企业的市场占有率和销售规模可能由于激烈的竞争不上升反而下降。

◇ 面对格局、壁垒、产业链的客观情况，企业可以主动操作的因素有哪些？可以创造哪些优势、"护城河"？是否掌握定价权？等等。

（四）关注业务模式

在业务模式的研究中，投资者要分析企业的运营模式和流程机制，管理半径有多大？规模效应如何？有没有核心竞争力？是不是垄断龙头公司？有没有提价权？能不能算得上是赚钱机器？等等。

其中我们要特别对以下各项保持关注。

1. 盈利能力的研究

①销售毛利率。

②销售净利率。

③净经营性现金流。

④自由现金流量占营收比重。

⑤EBIT（息税前利润）/EBITDA（税息折旧及摊销前利润）等数据。

2. 和资产相关的各类盈利指标

①总资产回报率。

②净资产回报率等。

3. 和运营能力相关的研究

产品好是不够的，销售和运营的配合是非常重要的。产品再好也会出现卖不动的风险，如果销售的应收账款积压越来越大，无法收回，会形成公司的呆账。

①公司内部各类指标的周转率。

②公司存货的周转比率。

③公司固定资产的周转比率。

④公司现金的循环周期。

⑤用以上这些指标来评价公司是否有能力有效利用资源、资金优势。

4. 与上下游的各类周转率（包括供应商、买方）

①应收情况。

②应付情况。

（五）其他年报中的重要事项

年报中对公司经营有显著影响的条目：

①公司重要的研发项目。

②公司重要的新增资产情况，如制造行业新厂房和新的产品线的投入、房地产行业在土地储备方面的投入、有色行业关于矿的储备等。

③公司内部重要的人员变动情况（包括一些董事、监事、高管的变动，管理层的明星效应对公司助益良多）。

④一些会计层面的重要变动（重点看年度、季度财报的注释）。

⑤当我们研究年报中这些重要条目的时候，同时要关联思考企业相关的盈利水平、运营水平、财务水平和增长水平。

这些工作能增强我们对企业的定量和定性分析。

时间是好生意和好创业者的朋友，是劣质企业的敌人，时间在投资中是一个巨大的因变量，它会孕育一切，改变一切。

　　贝佐斯曾经问巴菲特，既然赚钱真像你说的那么简单，那么请问为什么有那么多人赚不到钱？巴菲特说：因为人们不愿意慢慢变富。

　　在复利的收益公式中，本金和收益率还只是个乘数，而时间是指数，这意味着伴随时间的拉长，复利效应会越发明显，如果你能意识到时间的价值，就不会在意一时的波动或涨跌，因为时间可以创造复利价值，不但能让你积累财富，还能让你在实现价值的过程中保持内心的宁静。

第二章

如何看待企业的成长

选择未来大有前途、却尚未被世人察觉的潜力股，并长期持有。

——是川银藏

一、成长股的发展

平常时间，最好静坐，愈少买卖愈好，永远耐心地等待投资机会的来临。

——吉姆·罗杰斯

（一）成长投资的演化之路

价值投资体系最早可以追溯到 20 世纪 30 年代，由格雷厄姆提出，格雷厄姆也因此被推崇为"价值投资之父"。格雷厄姆时期的价值投资可以形象地比喻为"捡烟蒂"式投资，早期的价值投资依赖于对企业资产负债表的分析，从市场中寻找那些股价严重低于公司净资产的公司，并大量买入，然后进行破产清算。由于格雷厄姆买入的股价远低于净资产，因此公司破产清算会让格雷厄姆有利可图，赚取被市场错误低估的那部分钱。

价值投资的核心理念有三点："市场先生""内在价值"和"安全边际"，这三个经典概念构成了价值投资诞生之初的逻辑链条。

巴菲特早年师从格雷厄姆。20 世纪 30 年代股灾之后，格雷厄姆创建了现代证券分析的理论框架。他通过对公司财报的分析研究，计算出每股可代表的净资产，也就是股票的价值。投资大师格雷厄姆通过研究找到证券价格低于价值的上市公司，然后在价格和公司内在价值之间相背离的时候，果断买入这些便宜的公司股票，也就是所谓的"捡烟蒂"。格雷厄姆的这套方法在大萧条时期大获全胜。

伴随大萧条时期结束和资本市场开始蓬勃发展，股票市场的估值不断上升，股票价格也不断创新高，拥有安全边际的证券变得越来越少。这也迫使传统的价值投资的理念需要逐步进行修正和完善，寻找便宜的股票公司投资策略已经不再好用。格雷厄姆在接受采访时也指出："价值投资的适用范围越来越小。"

这时巴菲特逐步受到菲利普·费雪和查理·芒格的影响。经过了股市的震荡后，巴菲特开始逐步转变了投资思想，投资理念上除了要考虑安全边际之外，更重要的是重视企业的"护城河"，购买好的、有成长型的企业。"护城河"不属于垄断，但是却胜过垄断，市场上的垄断企业经常会出现价格控制、效率低下的问题，具有"护城河"的企业要不断地提高企业经营的效率，来持续拓宽企业的"护城河"。具备这种特质的企业可以持续不断地创造利润，具备长期价值投资的优势。在财务数据的分析上，企业可持续的盈利能力非常重要，这样可以在企业"护城河"内获取良好的收益。

1971 年，芒格说服巴菲特买入喜诗糖果公司。出价是净资产的 2.5 倍，从此巴菲特进入投资的成熟阶段，用他的话说是"从猩猩进化到人类"。乐意为质地好的、有成长性的企业支付较高的价格，而不是仅看安全边际。同时，巴菲特关注管理层的公司治理能力和企业文化，在自己的能力圈范围内开展投资，长期持有，陪伴优秀企业成长。

经过多位投资大师的投资历程演化，价值投资的理念趋于完善和丰富了，从只看低估的机会发展到还需要权衡合理的估值、持续的成长性的机会演变，兼顾资产经营质量，不仅要看过去、看当下，更要看未来。

总结价值投资发展的三个阶段：

第一阶段，初期的萌芽阶段，投资者关注企业账面价值和资产价值处理后的清算价值。

第二阶段，持续推进价值投资的发展。投资者开始把盈利能力考虑进来，如企业是否具备未来可持续的盈利能力，进一步发展的价值投资是否会有更大的收益。

第三阶段，把增长价值因素考虑进来，即企业是否具备成为伟大公司的潜质。

"成长投资"，简单地说，就是找到在接下来的几年中，在市场上的份额可逐步扩大、主营业务的收入可以持续地增长、净利润可以保持增加的企业进行投资。它的核心其实是"复合增长"能力，企业可以在每年复合的基础上为股东们稳定、持续创造效益。所以，"成长投资"的核心关键，除了在暴跌或熊市时选择买入，选股上也不能只看业绩的好与坏，最重要的是关注企业的"复合增长"能力。

（二）巴菲特投资思想进化的三阶段

可以说，格雷厄姆与多德是价值投资理念的开山鼻祖，而巴菲特则是吸收众家智慧的集大成者。在投资界，巴菲特的投资是每个投资者必学内容。在此回顾一下巴菲特的整个投资成长历程，也是一部投资成长的演化史。

第一阶段（早期），1949—1971 年（19~41 岁）。这个阶段的投资风格是以格雷厄姆式的价值投资法为主，强调安全边际，也被巴菲特自嘲为"雪茄烟蒂"式投资方法，也就是只买便宜的公司股票。

1949 年，19 岁的巴菲特阅读了格雷厄姆的《智慧型股票投资人》

（*The Intelligent Investor*），为之震撼，深深着迷。巴菲特的好友伍德，他曾说："这些知识对巴菲特而言就像找到了上帝和信仰所在。"所以我们把这一个时间点当作巴菲特早期投资思想的开端是完全合理的。

1970年，巴菲特在与格雷厄姆互通信件时写道："在此之前，我一直是靠肾上腺而不是靠大脑进行投资。"巴菲特把这次难忘的经历叫作"走在大马士革的路上"。从此以后，巴菲特把安全边际作为自己投资思想上的基石。

至此之后的几个事件的发生，对巴菲特投资思想的进化起到了促进作用：

1950年，巴菲特20岁的时候，拜格雷厄姆为师，就读于哥伦比亚大学。

1954年，巴菲特24岁的时候，为格雷厄姆开始工作，加盟进入格雷厄姆—纽曼公司。

1956年，巴菲特26岁的时候，开始了自己的创业生涯。

1959年与芒格相识相知，1962年买入伯克希尔股票，在1963年成为最大的股东，1965年在他35岁的时候，接管了伯克希尔公司。

1967年，巴菲特37岁的时候，购买了国民补偿金公司，初次踏入保险行业。

1969年，巴菲特39岁的时候，解散合伙企业，专注经营好伯克希尔公司。

在他合伙企业经营管理期间，巴菲特按照投资特性把投资方法分为三类，后续演变成了四类：

第一类：低估类投资。价值被低估的证券，投资比例放到最大。

第二类：套利类投资。证券价格由公司的经营决策所决定。对投资价格产生影响的行为包括重组、清算、合并、分立等。这与道琼斯的指数无关。

第三类：控制类投资。投资者要么买入这家公司足够多的股份，要么拥有控制权，进而对公司的经营决策产生影响。这与道琼斯的指数也无关。

第一类和第三类之间是可以相互转化的。假如买入了"低估类的投资"，它的价格在低点位徘徊了很久，巴菲特会考虑加仓更多的股份，这样就演变到了"控制类投资"。相反，如果"控制类投资"的价格在持有几年内快速上升，巴菲特一般会考虑在它高点的时候获利了结，这样就完成了漂亮的"控制类投资"。

很早期的时候，巴菲特注意到了格雷厄姆的投资策略存在一定的缺陷，其策略没有与时俱进，再加上股市的大涨让这种投资机会逐渐变少。在1956年的报告中，巴菲特增加了第四类投资，可以把它当成新的一种探索。但是这类投资没有完全打破格雷厄姆式的投资框架。该类投资出现了最佳的案例，就是在1964年的时候，巴菲特利用了"沙拉油丑闻"事件把合伙企业资金的40%部分投入了美国运通公司中，在之后的5年里，美国运通公司的股价大涨了5倍。

芒格曾说，巴菲特之前在格雷厄姆手下工作获得的巨额盈利让他一度大脑阻塞，很难从那成功的思维方式中摆脱出来。

1969年，巴菲特39岁的时候，读到了费雪的《普通股和不普通的利润》，从中启发很大。但真正让巴菲特摆脱格雷厄姆的思想束缚，完成投资思想进化的是芒格。芒格在对企业的价值进行分析时有着敏锐的洞察力，他把费雪关于成长的理论研究做到了具体化。"查理把我推向了另一个方向，而不是像格雷厄姆那样只建议购买便宜货，这是他思想的力量，他拓展了我的视野。我以非同寻常的速度从猩猩进化到人类，否则我会比现在贫穷得多。"

所以，总结来看，当巴菲特投资面临实现价值问题时，就发现了格雷厄姆"捡烟蒂"式投资的局限性，经过进一步把费雪和芒格投资理论的优化整合后，把成长理论研究完善进了自己的投资哲学系统中。

第二阶段（中期），1972—1989 年（42～59 岁）。1972 年，巴菲特采纳了芒格的建议，以 2500 万美元把喜诗糖果公司收购了，从此开始，巴菲特在芒格的不断推动下，开始为质量付出代价的方向迈进。

伴随着喜诗糖果公司的发展壮大，巴菲特与芒格两人都意识到了"购买一个好企业并让它自由发展要比购买一个亏损企业然后花费大量时间、精力和金钱去扶持它，要容易和与快得多"。这个阶段投资思想的产生称之为巴菲特"从猿进化成人"。

巴菲特将这三位投资大师的真知灼见整合在了一起，形成了自己的投资风格。1977 年，芒格就在公司的股东年会上表述："喜诗公司是我们第一次根据产品品质来收购的。"巴菲特对此补充说："如果我们没有收购喜诗公司，我们就不会购买可口可乐公司的股票。"

这个时期巴菲特投资方法有个显著的特点，就是增加对优秀企业的控制权，减少廉价股票和套利操作的投资，并且将保险浮存金投资到优质企业的长期投资上。

第一个阶段，巴菲特基本都是传承格雷厄姆式的投资方法。

第二个阶段，巴菲特成功转型为投资家和企业家的双重角色，使这两个角色合二为一。巴菲特强调："因为我把自己当成是个企业经营者，所以我成为更优秀的投资人；因为我把自己当成是投资人，所以我成为更优秀的企业经营者。"

巴菲特在 1985 年概括他的这个投资阶段："我现在要比 20 年前更愿意为好的行业和好的管理多支付一些钱。本人倾向于单独地看统计数据，而我越来越看重的是那些无形的东西。"

第三阶段（后期），1990 年至今（60 岁以来）。20 世纪 90 年代以来，巴菲特投资思想还有一种更加准确的划分方法，把 1995 年至今划分为巴菲特后期，也就是巴菲特 65 岁以后，芒格对此也曾说过："过了 65 岁之后，沃伦的投资技巧真是百尺竿头，更进一步。"

1990 年之后，伯克希尔公司面临极大的挑战，巴菲特也面临非常艰难的处境：账上的钱太多，但是机会太少了。在这种挑战下，巴菲特把自己的投资思想进一步迭代更新和进化，不断地学习和懂得利用滚雪球的力量，在投资技艺上更加炉火纯青。这个时期，巴菲特投资思想进化体现在以下方面：

1. 提出"护城河"概念

这里代表着巴菲特在评估优秀企业内在价值和长期竞争优势的能力方面更加成熟。巴菲特在 1993 年致股东们的信中第一次提出"护城河"概念。他讲道："最近几年吉列剃须刀和可口可乐在全球市场的份额不断增加。他们的产品特性和品牌威力，还有销售的实力，让企业赋有绝对的竞争优势，形成了'护城河'。相比较而言，普通的企业是不具有这种优势的。这就像彼得·林奇讲的，出售相似商品企业的证券，应该贴上'竞争有害健康'的标签。"

1995 年 5 月 1 日，在伯克希尔公司的年度会议上，巴菲特对"护城河"的概念做了仔细的描述："奇妙的、由很深、很危险的护城河环绕的城堡。城堡的主人是一个诚实而高雅的人。城堡最主要的力量源泉是主人天才的大脑；护城河永久地充当着那些试图袭击城堡的敌人的障碍；城堡内的主人制造黄金，但并不都据为己有。"粗略地转译一下就是，我们喜欢的是那些具有控制地位的大公司，这些公司的特许权很难被复制，具有极大或者说永久的持续运作能力。

在 2000 年的股东会上，巴菲特进一步解释道："把'护城河'加宽的能力和难以攻破性作为评判一家企业是否优秀的主要标准。"并且告诉企业的管理层们，"期待企业的'护城河'可以每年逐步加宽。这并不表示企业利润必须每年增加，因为有的时候是做不到的。但是，如果企业'护城河'可以不断加宽的话，那么这家企业一定会经营得非常好。"

2. 投资战略的调整

一个调整："由于伯克希尔公司的资产迅速膨胀，以及会明显影响我们业绩的投资空间以致急剧收缩，使得我们必须做出精明的决策。因此，我们采用了一种仅需要几次精明而不是过于精明的战略。事实上，每年有一个好主意对我们来说就够了。"这也表明了巴菲特选择更加集中的持股战略。

另一个调整：资本体量越滚越大，巴菲特在投资普通股上更加聚焦在细分的领域内，找到价值低估的优秀大公司，用选择性反向的投资方式，也就是当竞争特长的大公司遭遇困难挫折、股价严重下挫的时候，进行积极的关注。这也表明了格雷厄姆式的"捡烟蒂"投资方法不再适应伯克希尔公司了。

3. 发展"挥棒"概念

威廉姆斯是美国顶级击球手，在他所著《打击科学》中阐述了自己这么多年总结下来的击球技巧。他把击球区域分成了77个单元，每一个模块单元相当于一个棒球，仅当球处于最佳的单元时，他才会挥棒，这样的操作会给他带来三棒出局的危险境况，因为在最差的位置会严重降低他挥棒的成功率。

投资上也是如此，巴菲特在这一"击球"上发展出了"挥棒"概念。在巴菲特1995年的一场演讲中，他描述了这个概念："在投资时，没有所谓的必须去击打的好球。你可以站在击球手的位置上，投球手可以投出好球；通用汽车投出47美元，你若缺乏足够的资讯来决定是否在47美元的价位买进，你可以让它从眼前流过，不会有人判给你一击。因为只有挥棒落空时，你才可能被判出局。"

4. 三类业务的划分

2007 年，巴菲特在致股东信中关于优秀、伟大和可憎的三类业务做了划分。

关于伟大的业务：企业拥有长久"护城河"，回报率也很高，而且无须大量资本的增资，这样企业就可以实现很好的利润增长的业务，如喜诗糖公司。

关于优秀的业务：企业拥有长久竞争力，回报率也很高，但需要大量资本的增加才能实现业务的成长，像飞行安全公司。

关于可憎的业务：为了成长需提供大量的资金注入，成长性强，但是产生的利润非常有限或没有利润的业务，如航空公司。

同时，巴菲特还做了跨国投资和收购的突破以及非常规投资更加多样化。

随着投资的不断进化，巴菲特的投资思想更加开放，技术更加全面。在一般投资的选择上炉火纯青，投资集中，开始加大海外的并购和投资；面对非常规的投资，巴菲特更加多样化，而且富有攻击性。

总结巴菲特投资进化的三阶段，我们可以看到三层投资境界的发展演变。

第一层境界：聪明的投资境界。适合价值投资的基准原则，是完全的价值投资者，懂得通过"市场先生"产生的错误来赚取差价；聪明地利用相关证券确定的价格背离赚钱；利用长期的低迷来对企业进行控制和利用被严重低估的证券价格。

第二层境界：精明的投资境界。在适合价值投资的基准上，看重商业模式和企业的品质，同时用多种策略方法，精确地捕捉因为市场的错误所带来的套利和低估等机会。

第三层境界：高明的投资境界。自知之明，无为而治，持续进化，能力圈扩展和极高的商业洞察力。

（三）成长投资在中国如何做

在中国市场选择做成长投资，购买优质成长的股票才能获得良好收益，成长也是价值投资系统中最核心的指标。投资者只有持有超级的成长股，才会获取长期的超额收益。因为成长价值是看未来，它是一个动态的过程，存在很大不确定性，稳定性也比较差。所以，做成长价值第一要会看人，同时还要会看商业模式、治理能力，更重要的还要有耐心。

20世纪六七十年代，巴菲特因为美国经济进入了一个长期的成长期，他在格雷厄姆的价值挖掘基础上，又逐步延伸出成长投资。遇到芒格以后，巴菲特的成长投资策略得到了进一步的提升，至今他的投资基本上都是以成长投资为主，像投资可口可乐、苹果。

同样，中国目前经济发展也处在上升通道的大周期里，非常适合成长投资机会，主要原因有以下几个方面。

1. 经济增长方式亟须变化

中国经济的发展需要新的发展引擎的转换，利用传统产业的优势，孵化出新科技，突破"卡脖子"工程，中国重质量的发展模式正在取代过去重速度的发展模式。创新成为驱动中国经济发展的新引擎之一，这种方式最终体现在了股票上。

国内科技进步带来了丰富的投资机会。首先，国产质量增强，像硬件领域，国内的企业依靠研发的持续投入，以更低的成本产出和同行质量一样的产品，在产业链和硬件终端上实现了对中国台湾、欧美国家、日本等企业持续不断地超越和替代。

其次，科技的发展已经变成了国家安全的战略性问题。这也促进了国内企业在芯片、先进材料、软件等技术上实现了快速的进步，这也进一步助推了国内相关产业的快速崛起。

最后，传统产业和科技进步相融合，科技带动传统产业迭代升级、开花结果，制造业积极拥抱新科技，突破企业发展瓶颈，成功实现转型升级。

2. 科技产业重要性进一步凸显

中国当前处于对产业结构进行转型升级的阶段，未来将进一步提升科技产业的地位，这也就支持了科技板块实现业绩的稳定增长。长期来讲，全球投资者追求增长，那么科技板块将是个非常好的选择，而且美国科技公司和中国科技公司都会在全球投资者的组合之中。

科技公司的市值超越传统产业的市值。这体现了产业发展趋势上的威力，科技企业利用更快的生成效率和更先进的生产力满足了人们生活和工作的多样化需求。同时，互联网领域在规模效应方面更是凸显，也就是企业的发展拥有高壁垒和规模效应后，可以快速地发展壮大。

因此，可以看到，不管是美国还是中国，一些科技互联网的公司不会遇到传统企业的成长瓶颈，它们能发展到很大的规模，且依然可以保持较好的增速。

3. 成长企业投资机会来临

顺应时代发展投资，往往能够取得事半功倍的效果。当前中国正处于创新驱动的高质量发展阶段，在这一阶段，优质的成长企业正凭借其核心竞争力快速发展，突破重围，走向全球。而在企业成长的过程中，把握住成长红利将更有可能为投资者带来丰厚的回报。

中国经济的转型升级带来了成长型企业的投资机会，所以新兴企业的脱颖而出变得非常急切，成长型企业开始崭露头角、走向全球，而这一过程也将带来巨大的投资机会。

目前一些成长类公司的估值水平处于低位，有很大的增长和溢价空间。目前整个投资市场的风格也由之前的核心资产转向成长投资，商业化的发展不仅塑造了实体产业，也塑造了现代投资行业，这种相互交织的能量场、连接资本和产业的力量共同助力创新和发展，为成长企业的发展助推力量。

4. 打造本土产业链的重要性

外围因素是"危"，更是"机"。

伴随中国实力的增强与世界大国竞争的加剧，产业链主导权和外部经济安全问题日渐复杂，我国需要正确认识和积极把握，从而打破西方"规锁"，塑造产业链主导权。外围变动也让国内的企业家看清扶持好本土的产业链是至关重要的。

国内以"链主"企业为主导推动产业链整合。基于资源配置方式和组织权力特有的优越性，它优化了企业内部资源的配置。饰演"链主"身份的龙头企业主导了产业链的整合。

随着中国的影响力和跨国公司数量的不断增加，产业规模也不断壮大，很多行业涌现出了龙头企业。不久的未来，企业通过资源整合，发挥企业积极参与及推进产业链整合的强大功能。

二、无增长不投资

买进真正优秀的成长股时，除了考虑价格，还不能忘了时机因素。

——菲利普·费雪

（一）什么是企业成长的钱

如何获得企业成长的钱？例如，如果一家企业 16 年前销售额是 10 亿元，净利润为 1 亿元，市盈率是 10 倍，那么市值就是 10 亿元。企业经过 16 年的发展壮大，现在销售额为 1000 亿元了，净利润为 150 亿元，如果以 10 倍市盈率计算，当下的市值就为 1500 亿元。如果起初用 1 万元投资这家企业，那么现在就是 150 万元。从仅有的 1 万元到现在 150 万元，这就是企业实现成长的钱。

比如，格力电器公司从 2005 年至 2017 年估值没有提升过，但是利润增长了将近 50 倍，股价也是上涨了几十倍，主要是依靠公司的业绩推动股价上涨。还有五粮液，在上市之后，其市场份额不断拓展，主营收入快速增长，也是典型的快速成长型股票。

成长型投资，其核心是实现企业的复合增长能力，所以业绩的可持续增长是实现企业成长的动力源泉。下面三个核心因素对企业的成长至关重要：

一是衡量公司的管理能力和自身的成长性，这里包含了领导人的整体素质，如管理团队的能力、领导人的眼光、营销队伍的建设和销售渠道的搭建等。企业通过提升管理能力、领导者制度的制定、技术的改进、品牌的宣传等，提高企业经营效率和利润。

二是看宏观环境，包括国家政策产业动态、经济周期性、经济制度、产业布局、法律环境、社会环境、技术环境以及行业的景气度方面。通过行业的景气度，企业可以扩大库存、扩大负债、增加生产资产等。

三是看行业的竞争格局。如果同行业间竞争，企业要具有优秀的商业模式、可持续发展的竞争优势、集中度强的行业领域等，这样才能确保在整体的竞争格局中占据有利的地位。如果企业竞争力减弱，会导致企业现金减少、应收账款增加、存货积压、负债加大等很多棘手问题出现。

（二）衡量企业的成长性

1. 重视企业的财务报表问题

企业的财务报表是企业经营管理的重要成绩单，它是企业在宏观环境、行业竞争影响下的最终成果。

财务报表可以综合体现一家企业的管理水平、扩张能力、运营能力、收益情况等。短时间内财务报表可以体现企业真实的经营现状，长期看的话，对企业的盈利能力、竞争能力、资产效益、运营能力等进行较好的把控。

从这些数据中可以发现，可持续发展、现金流稳定、业绩增幅明显是成长投资最核心的指标数据。作为成长投资者，他们会认为，企业净利润的增量与质量都是要以财务报表为支撑的。

2. 优秀财务报表的三个主要因素

资产负债表是利润表的后勤保障，当利润增长出现问题时，如果资产负债表表现出强有力的实力，那对利润表的问题也可以暂时得到化解。反过来看，资产负债表出现问题，对利润表是致命的打击。像巨额的减值准备、巨额的折旧摊销、庞大的偿债压力和应收账款，会不断进行恶性循环，致使利润表的优异利润被不断吞噬掉。

如果是高质量的资产负债表，那么企业的运营就有效率，资产就有质量，生产性的资产发挥出大效益，这样的话，利润表就会有有利的土壤。

3. 重要指标分析工具

（1）速动比率指标

速动比率指标决定了企业的流动资产可立即变现，来偿还公司流动负债的实力。

基本的公式为：

$$速动比率 = （流动资产 - 存货）÷流动负债$$

速动比率指标正常是1：1，它也解释了每有1元的流动负债，那么就会有1元的流动资产可以来抵偿，也就是短期的偿债能力是有保证的。如果速动比率比较低，企业短期偿债的风险就会加大；如果速动比率比较高，企业投资的机会成本就会增加。

但是，这样的评判标准也不一定是绝对的。在实际开展工作中，要考虑企业所属的行业性质，如零售行业基本没有应收账款，所以速动比率也远低于 1，这是合理的。

反之，有些企业尽管速动比率远大于 1，但是深入剖析看，原因是应收账款多，这并不表示企业拥有很好的偿还能力，营收账款是否可以顺利收回是不确定的。

（2）流动比率指标

流动比率指公司的所有流动资产与所有流动负债间的比率。

基本公式为：

$$流动比率 = 流动资产 ÷ 流动负债$$

流动比率指标可以反映出公司的流动资产在较短的债务到期之前，可以变现为现金，用来偿还债务的能力。如果流动比率指标高，表明公司的资产变现的能力很强，短期间的偿债能力也就越强，相反的话就会变弱。但是如果流动比率指标过高，那就说明流动的资产占用比较多，影响到公司经营资金的周转效率以及获利的能力。正常情况认为，流动比率应维持在 2 左右，它表明 1 元的流动负债有 2 元的流动资产作保障。

（3）成长能力指标

$$企业的净利润增长率 = （当期净利润 - 上期净利润）$$
$$÷ 上期净利润$$

$$企业的营业利润增长率 = （当期营业利润 - 上期营业利润）$$
$$÷ 上期营业利润$$

$$企业的营业收入增长率 = （当期营业收入 - 上期营业收入）$$
$$÷ 上期营业收入$$

（4）盈利能力指标

盈利能力指标体现了公司资本或者资产能够增值的能力，一般表现为在一定的时期内，公司收益金额的多少与水平的高低。

$$企业毛利率 = （营业收入 - 营业成本）÷ 营业收入$$

$$企业营业利润率 = （营业收入 - 营业成本 - 期间费用）÷ 营业收入$$

$$企业净利率 = 净利润 ÷ 营业收入$$

$$净资产收益率（ROE）= 净利润 \div 平均净资产$$

ROE 不仅可以看清企业的运营能力、盈利能力、资产放大能力，也能够表现出企业的竞争力。稳中向上或长期稳定的 ROE 具有良好的成长潜质。ROE 是衡量企业盈利能力的重要指标。

4. 成长股的关键在于要有增长，且是可持续性的健康增长能力

一只证券的回报率由三部分构成：业绩增长、估值增长、股息收益。在估值方面，除了要结合企业的成长预期外，还会受到行业估值、市场情绪等不可把控因素的影响，估值部分在第一章作了具体阐述。想要寻找到可以长期价值投资的标的股票，首先可以暂且不考虑估值方面的因素。

$$股票的收益率 \approx 公司业绩的增长 + 获取的股息率$$

从上面公式可以得出，估值低对于企业股息率的影响是有限的，ROE 对回报率起到了决定性作用。高 ROE 的企业，即便估值高，从长期回报来看，也是可以打败低 ROE 企业的。当投资者忽略短期估值带来的影响，选择长期持有的时候，会看到长期最高回报是由 ROE 决定的，长期最低回报是由股息率决定的。

在正常情况下，一家优秀公司的成长都会经历下面两个阶段：

（1）公司高速成长阶段：竞争小，市场潜力大，净利润增长明显，而且大于公司可持续增长率和 ROE。

（2）公司成熟发展阶段：净利润增长和商业模式稳定，公司净利润增长率与可持续增长率趋于一致，ROE 也表现稳定。

当公司拓展出新的盈利方式且投入发展的时候，会重新经历上面的阶段，所以在商业模式、企业前景的分析上，要有深度和洞见，寻找到公司业绩的拐点，这样就抓住了公司最好的成长机遇。

5. 关注可持续增长能力

可持续增长率（Sustainable Growth Rate，SGR），指的是企业当期的经营效率（资产周转率和销售净利率）与财务政策（资本结构和股利支付率）在不变的情况下，企业可以获得的最大化的可持续增长，这表明了企业内在的增长能力。从长期看，企业在稳定发展的时期，如果 ROE 保持不变，那么 SGR（g）与 ROE 的关系会是如下情况：

$$期末\ ROE = \frac{期末净利润}{期末净资产}$$

$$期末\ ROE = \frac{上期末净资产×期末\ ROE\ (1+g)}{上期末净资产+上期末净资产×期末\ ROE\ (1+g)\ (1-d)}$$

$$期末\ ROE = \frac{期末\ ROE×\ (1+g)}{1+期末\ ROE×\ (1+g)\ (1-d)}$$

$$1 = \frac{(1+g)}{1+期末\ ROE×\ (1+g)\ (1-d)}$$

$$g = 期末\ ROE×\ (1+g)\ (1-d)$$

即：

$$ROE = \frac{g}{(1+g)\ (1-d)}$$

$$SGR = g = \frac{ROE\ (1-d)}{1-ROE\ (1-D)}$$

（g 为净利润增长率，d 为股利支付率）

下面就 ROE、SGR、分红率三者之间的变动做些数据假设（表2-1）：

表 2-1 ROE、SGR、分红率变动假设

分红率 （%）	维持 10%ROE 所需增长率（%）	维持 20%ROE 所需增长率（%）	维持 30%ROE 所需增长率（%）
100	0.0	0.0	0.0
90	1.0	2.0	3.1
80	2.0	4.2	6.4
70	3.1	6.4	9.9
60	4.2	8.7	13.6
50	5.3	11.1	17.6
40	6.4	13.6	22.0
30	7.5	16.3	26.6
20	8.7	19.0	31.6
10	9.9	22.0	37.0
0	11.1	25.0	42.9

数据来源：雪球。

由以上公式可以看出，ROE、SGR 和分红率三者之间的关系：

一定的分红水平使 SGR 和 ROE 呈正相关关系，高 ROE 决定了可持续增长的上限，高 SGR 又进一步提高了高 ROE，从而实现了可持续增长能力的提升。利用 ROE 可以很好地去除掉增长空间受限的企业，然后挑选出具有长期稳定增长实力的企业。这样操作以后，再经过个股和行业的研究分析来做出进一步的选择。

假如在 ROE 稳定的情形下，g 和 d 呈负相关关系，即便净利润增长小或不增长，也可以用高分红来达成高 ROE。但在低分红或者不分红的情况下，还能够保持高 ROE，这就需要充分的净利润增长了。换句话说，企业净利润增长很高，即便分红少，但仍就可以保持住高 ROE，这就给企业带来了长期的可持续增长的未来预期。

下面将以恒瑞医药和贵州茅台为实例来分析。

案例一：恒瑞医药

恒瑞医药	5年平均	10年平均
期末 ROE（%）	20.2	20.2
股利支付率 d（%）	12.5	11.3
净利润增长率 g（%）	27.1	26.1
可持续增长 SGR（%）	21.5	21.9

恒瑞医药	2018	2017	2016	2015	2014	2013	2012	2011	2010	2009
营收增长率（%）	26	25	19	25	20	14	19	22	24	27
净利润（亿元）	40.7	32.2	25.9	21.7	15.2	12.4	10.8	8.8	7.2	6.7
净资产（亿元）	198.0	159.4	128.7	103.6	81.5	66.6	54.4	43.8	34.8	26.7
期末 ROE（%）	20.5	20.2	20.1	21.0	18.6	18.6	19.8	20.0	20.8	25.0
股利支付率 d（%）	20.0	11.4	12.2	9.0	9.9	9.9	9.2	11.5	10.3	9.3
净利润增长率 g（%）	26.4	24.3	19.2	43.3	22.5	14.9	22.8	21.1	8.7	57.4
可持续增长 SGR（%）	20	22	21	24	20	20	22	22	23	29

数据来源：雪球。

恒瑞医药便是超级成长股的典范，高净利润增长和长期可持续增长很好地契合在一起。从表中可以看到，2009 年至 2018 年期间，能保持稳定的高 ROE，虽分红率仅 11% 左右，靠的是大于 26% 的持续净利润增长来实现的。净利润增长又是来自其超高的毛利率、营业收入的同比增长实现的。企业具有长久、良性的竞争能力。

数据上也可以看到，净利润增长率始终是大于或接近可持续增长率的，这说明企业已从高速成长的第一阶段向成熟稳定的第二阶段转变了。这个阶段，企业构筑起了"护城河"。

成长股投资的本质在于持续稳定的增长，赚成长的钱，然后将钱继续投入公司进行扩大再生产，这就导致分红较少。当企业到了成熟稳定阶段后，可以把累积的利润回馈于股东们，为股东们创造长期回报。

案例二：贵州茅台

贵州茅台	2018	2017	2016	2015	2014	2013	2012	2011	2010	2009
营收增长率（%）	26	52	20	4	4	17	44	58	20	17
净利润（亿元）	352.0	270.8	167.2	155	153.5	151.4	133.1	87.6	50.5	43.1
净资产（亿元）	1174.1	960.2	759	662.3	553.1	441.3	354.5	254.0	185.5	146.5
期末 ROE（%）	30.0	28.2	22.0	23.4	27.8	34.3	37.5	34.5	27.2	29.4
股利支付率 d（%）	51.9	51.0	51.0	50.0	32.5	30.0	50.1	47.4	43.0	25.9
净利润增长率 g（%）	30.0	62.0	7.8	1.0	1.4	13.7	51.9	73.5	17.1	13.5
可持续增长 SGR（%）	16.9	16.0	12.1	13.3	23.0	31.6	23.1	22.2	18.4	27.9

数据来源：雪球。

贵州茅台	5 年平均	10 年平均
期末 ROE（%）	26.7	28.5
股利支付率 d（%）	47.3	43.3
净利润增长率 g（%）	20.4	27.2
可持续增长 SGR（%）	16.4	19.3

数据来源：雪球。

茅台公司是兼顾了稳定高 ROE、适中分红和高净利增长的完美典范。企业近 10 年的 ROE 基本维持在 26%～30%，分红水平基本在 43% 左右，而且持续保持着可持续增长率。正是由于稳定的分红和净利的显著增长，维持住了高 ROE 和 SGR，很好地平衡了成长和回报，茅台公司也因为它的高成长特征获得了市场上的认可与估值的显著提升。

从例子中可以看到，净利润增长对于成长企业起到了决定性作用。通过可持续增长率、ROE 和分红水平、净利润增长这几者间的比较关系，就可以大致判断出企业是处在哪个成长阶段。

关于净利润增长 g<可持续增长 SGR 的企业，要考量其经营策略与运营效率是否存在问题，是否有改进提升的能力；净利增长逐年降低，甚至低于 ROE，却依靠超高分红维持"表面繁荣"的高 ROE 的公司，一般情况下，其成长性是非常有限的，如果对未来的增长预期市场保持悲观态度，那么股价和估值就会遭遇桎梏。

与此同时，用净利润增长作为标准来判断企业的成长，既要与可持续增长率、ROE 做对比，又要结合长、短期中趋势的变化，这样才能全面衡量一家企业的真实成长性。

另外，衡量一家企业的真实成长性还要结合企业的自身管理能力，这个将在后面的选择成长股八要素里做具体阐述。

（三）宏观环境影响

宏观环境影响是指环境上的各种因素对全部企业的运营管理活动产生的各方面的影响，包含经济环境、社会环境、技术环境、法制环境等。它是公司发展的晴雨表，公司在经营发展的过程中要增强宏观环境意识。

企业经营管理活动是多样、复杂、快节奏的，以致许多企业经营者被快速变幻的微观环境因素所困扰，"埋头拉车而不抬头看路"，从而忽视了对大的宏观环境的认知和观察。

很多时候宏观环境不直接对企业产生影响，它是通过使微观环境发生变化，然后对企业产生作用，所以企业很多时候是感受不到宏观环境的。当宏观经济环境发生的变化已逐步被企业经营者觉察时，早已错失良机，甚至某种经济形势早已"兵临城下"，使企业被动应对，困窘不堪。一旦形势突变，就犹如江河决堤、一泻千里，企业面临倒闭的风险也是时有发生。

因此，企业在日常经营过程中要有对宏观环境的感知和意识，这样企业在社会与经济环境中的发展就得到了有力保证。

同时，企业也要关注经济周期，经济周期是企业和市场周期的基础。经济周期取决于 GDP，而影响 GDP 最重要的变量是参与生产的总人口和生产效率。政府调节逆周期主要是指政府通过货币政策和财政政策实施逆周期调节，"熨平"经济波动。

从企业盈利周期来看，理论上来说，所有企业的产出之和就是 GDP，但是企业的盈利周期的波动幅度比 GDP 波动幅度要大得多，主要是因为企业经营使用到了经营杠杆和财务杠杆。厂房等固定资产的固定成本在总成本的占比越大，形成的经营杠杆越高，资产负债率越高，财务杠杆越高。

决定一家企业盈利的过程既复杂又多变。经济周期对一些企业收入影响很大，而对一些企业影响很小。这主要是因为企业的经营杠杆和财务杠杆不一样，因而造成销售收入变动对不同企业的盈利影响程度不同。

一些行业对经济周期的变动是敏感的，如汽车、钢铁、房地产、有色金属等，这些行业的前途命运和国家的政策，以及全球的经济景气度都是息息相关的。它们很多都是位于产业链条的上游，对整个经济环境的变化是最为敏感的。经济的景气与衰退也会影响这些行业的生死。

相反，一些行业对经济周期的变动是不敏感的，如日常生活必需品、服务行业等。因此，判断周期的波动就显得特别重要了，如果在周期的高点入场投资了，那么可能至少要忍受一个周期的漫长过程，否则很难获得盈利，而从投资效果来说，也会打折很多。

（四）行业竞争格局

1. 变是绝对，不变是相对

做成长投资通常需要寻找好的赛道，好的赛道当然需要符合高成长的要求，但处于高成长行业的企业不一定就享受好的成长，还需要看竞争格局如何。竞争格局如果处于激烈的状态，企业可能沦为增收不增利的地步，竞争变成恶性竞争，对企业来讲，其可能最后陷入价值毁灭的风险。相比较一般的赛道，如处于存量市场空间，不一定就不会出现优秀的成长企业。在存量市场当中，竞争格局如果处于较好的状态，企业依靠渗透率或集中度的提升，也可以成为优秀的成长型企业。

竞争格局是指一个行业中企业之间的结构关系，往往直接反映了在一个细分领域中企业之间的竞争激烈程度。竞争是否激烈会直接影响着企业的净利润。

可以说，竞争格局变是绝对的，不变是相对的。同一个行业在某一特定时期，竞争格局可以处于相对不变的状态，但在另外的某一时期，竞争格局是会发生改变的。

2. 竞争格局分类

（1）一家独大

一家独大，是指在这个行业里只有一家超级大的公司，其他对手都不成气候。最大的那家公司控制了 80% 以上的市场份额。比如，卖 PC 操作系统的微软，海外搜索引擎 Google，都保持着超额的收益。

（2）一超多强

一超多强与一家独大类似，但第二与第三名的规模相对大一点，不过最大的那家依然占据主要市场份额。比如，高端白酒的"一超"贵州茅台和"两强"五粮液、泸州老窖，虽然整体需求不再增长，但是靠着稳步提价，一直保持着超高毛利，利润也每年持续增长。

（3）几强垄断

几强垄断，指在行业中有几个规模差不多大的公司垄断着市场，它们之外的其他公司，规模非常小。比如空调行业，最近几年就是格力、美的和海尔瓜分市场。它们共同垄断市场，使行业其他对手无法进入。它们之间虽然有竞争，但是并不是恶性的价格战，所以大家的利润还是有保障的。

（4）百舸争流

没有行业门槛，集中度低，同质化严重，这是最差的竞争格局。比如电视行业，竞争的厂家非常多，规模又差不多，无数的竞争对手之间大打价格战，导致谁都没有利润。

一家独大、一超多强、几强垄断的竞争格局，有个共同的名字叫"寡头垄断"市场。一般这种行业，竞争不会非常激烈，定价权掌握在企业手里，经营利润比较有保证。

百舸争流的竞争格局，在经济学中叫作"完全竞争"市场，行业内一般会打价格战，利润经常很微薄，甚至亏损。

任何市场的终局往往都是中局，商业竞争永远没有终点。竞争格局的决定性因素本质来看就是形势，形势可以理解为企业在其周围环境中所处的情形或在一定时间内各种情形相对的或综合的状况。竞争格局只代表现在的行业状态，商业的本质是竞争，未来是不断变化的，弯道超车的事情也是时有发生的。

随着时代的变化，一些原来八竿子打不着的公司会突然变成新的竞争对手，而且往往是"降维打击"。比如打败百货公司的不是另一家更好的百货公司，而是电商；打败康师傅和统一方便面的，不是白象、今麦郎，而是美团、饿了么等外卖平台。

分析完行业竞争格局之后，我们还需要更进一步搞清楚，企业背后的竞争优势。

3. 把握企业的竞争优势

一个企业的竞争优势和所处行业的格局，决定了企业未来的发展前景和盈利的能力。投资一家企业，其所处的行业是投资考量的一个重要因素，无论是投资还是创业，行业分析都是一个非常重要的因素。谈到企业的竞争优势，迈克尔·波特的五力分析模型是分析企业竞争力的一个很好的工具。他认为每个行业内都存在着 5 种基本的竞争能力：潜在竞争者进入的能力、行业内竞争者的能力、供应商讨价还价的能力、替代品的替代能力、购买者讨价还价的能力。（图 2-1）

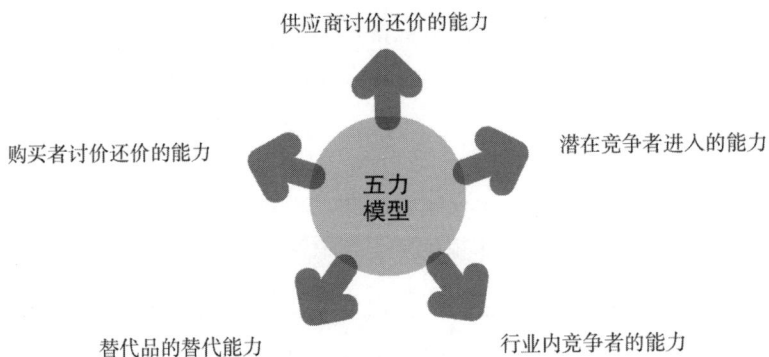

供应商讨价还价的能力

购买者讨价还价的能力

五力
模型

潜在竞争者进入的能力

替代品的替代能力

行业内竞争者的能力

图 2-1　波特五力分析模型

资料来源：迈克尔·波特《竞争战略》。

4. 影响五力的主要因素

（1）跨进壁垒强弱的因素

◇ 技术专长。

◇ 规模经济。

◇ 顾客开发成本。

◇ 品牌上的强弱。

◇ 得到分销渠道的困难程度。

◇ 关于资本的密集程度。

◇ 现有厂家的特征。

◇ 成本优势的明显性。

（2）供应商议价能力的因素

◇ 变更成本。

◇ 所供应服务/产品的差别程度。

◇ 市场份额。

◇ 是否有替代品。

◇ 供应服务/产品的价值在总成本上的占比。

◇ 采购量的重要性。

◇ 在供应链上纵向统一化的趋势。

◇ 供应服务/产品对下游的影响。

（3）购买者议价能力的因素

◇　相对的市场份额。

◇　讨价还价的能力。

◇　转换成本。

◇　数量。

◇　纵向一体化的能力。

◇　信息。

◇　价格的敏感性。

◇　是否有替代产品。

◇　产品差异性。

◇　采购的总量。

◇　对质量的感受。

◇　买方利润。

◇　品牌认可度。

◇　决策者的动机。

（4）替代品威胁的因素

◇　转换成本。

◇　替代品的价格。

◇　买家的接受程度。

（5）行业内部竞争的程度

◇　行业增长的速度。

◇　能力利用率。

◇ 品牌认知度。

◇ 转换成本。

◇ 产品的差异程度。

◇ 信息的复杂度。

◇ 竞争者的背景。

◇ 市场份额的集中和平衡。

◇ 退出成本。

波特的五力分析模型在企业竞争战略的研究分析中占到非常重要的位置，它可以对企业所处的行业竞争环境进行有效的分析。这五种力量互相影响，也使得行业竞争环境出现了变化。

只有在好的行业竞争格局里，同时自身具备强大竞争优势的企业，才能够获取源源不断的利润。

竞争优势具有时间性与空间性。从空间上看，每个行业都有自己的竞争优势；从时间上看，每个行业在不同发展阶段的竞争优势也是不同的，竞争优势是一直发展变化着的。

企业只有具有可持续的竞争优势，才能拥有长期竞争优势，在内部筑起坚实的"护城河"。这样外部的"动态优势"可以长期发挥作用，企业获得市场份额和定价权的能力也就不断提高，从而营业收入可以实现不断扩展。

（五）构筑企业"护城河"

"护城河"也就是竞争优势。巴菲特曾经讲过：真正的伟大企业，必须拥有一条长盛不衰的"护城河。"判定企业是否具有"护城河"主要看两点：一要看其是否拥有行业领先的竞争优势，二要看这种领先的竞争优势是否具有可持续性。

《巴菲特的护城河》一书中这样说过："了解一家企业的'护城河'，是一件需要花费时间和精力的事情，但这是值得的。我一直坚信，了解企业肯定比试图了解市场短期动向、去猜测宏观趋势或预测利率，更能增加投资者获胜的概率，一份公司年报的价值绝对顶得上美联储主席的10次讲话。"

企业拥有"护城河"的原因，要么是因为享有可持续的低成本，要么是因为客户锁定带来更多的需求。事实上，真正的竞争优势来自供给侧的竞争优势与需求侧竞争优势的相互作用，即规模经济与客户锁定的有机结合。

下面来看看最常用的几种构筑"护城河"的方式。

1. 从品牌优势构筑"护城河"

品牌形成的"护城河"非常宽广，是诞生长牛企业的摇篮，它是企业的能量来源。品牌具有"护城河"的价值，可以为企业带来高的定价能力，可以转变为持续的经济利润。在无形资产里，专利和牌照等形成的"护城河"非常好理解，它们的变数是专利到期和牌照放开。

如果产品拥有专利的保护，那公司在市场上的产品就是独一无二、无可取代的，这家公司就可以在一段持续时期内拥有定价能力。如果政府的规章制度使竞争者很难甚至不可能进入市场，那么这也是一种无形的资产；这样公司的经营就像溢价垄断的公司，价格上又不是管控的重点，那么公司就拥有友好的监管环境。例如，可口可乐公司、长江电力公司这两家公司就分别在品牌、专利和监管三个无形资产维度建立起了强大的"护城河"。

日常中，我们在消费、服务等行业看到的最优秀企业几乎都是品牌企业。品牌的形成是卓越的产品、持续的营销投入、长期的渠道建设的综合结果，一旦形成并占据消费者的心理之后，就很难改变。

就像我们说到咖啡就会想到星巴克，提到奢侈品就想到爱马仕一样。品牌形成的"护城河"非常宽广，持续的时间非常长，需要防范的是消费者群体偏好的转变。消费主力群体是会发生代际更替的，这会导致品牌新老交替。就像运动服饰领域对国潮品牌的偏好，这对国际品牌的"护城河"提出了挑战。

2. 从成本优势构筑"护城河"

成本优势构建的"护城河"往往是最为薄弱的，但一旦形成真正的"护城河"，世界级伟大的企业就诞生了。在制造行业中，我们会看到很多企业把成本优势当作进攻的利器，来抢占市场份额，扩大市场，而不是把成本优势作为防守的工具。

从当下的发展来看，企业如果仅仅依靠规模效应或者降低人工成本，无竞争优势，其他企业看到赚钱效应就会争相模仿，就会导致企业成长的持续时间非常短。但是，企业如果持续进行产品迭代升级，且进行有效成本控制，再结合高效的企业管理，这样是能够实现真正的成本优势。优势一旦形成，成为行业内核心企业的潜力就会爆发出来。

有些行业的成本优势是由于其他因素产生的。比如水泥行业，地理位置可以带来成本优势，一个区域通常只有一家水泥厂，它的运输成本太高，导致跨地区竞争往往代价高昂。还有资源带来的成本优势，如沙特的石油开采成本就远远低于全球平均成本。这样的成本优势往往都是独一无二的，也很难复制。

3. 从转换成本构筑"护城河"

转换成本的优势在于，如果客户从本企业换到其他企业，会付出大量金钱或承担很大的风险。一般转换成本的"护城河"是非常牢固的，但要防范技术进步后的"降维打击"。

比如，金融行业的很多公司使用的软件都比较落后且收费很高，但他们很难更换，因为转换成本太大。这么庞大的金融体系，如果整体更换软件，数据的安全性也会面临考验，一旦发生错误他们很难承受后果。

但是这种"护城河"需要防范的是技术进步后的"降维打击"。比如，云计算的兴起就大幅削弱了软件企业的转换成本。现实中，我们看到拥有转换成本"护城河"的企业，在研发费用上会有大比例的投入，始终保持对技术的前沿优势，这也是加深"护城河"的一种策略性行为。

像苹果公司，凭借 iOS 平台，构造起了很多转换成本，客户黏性很强。iOS 本身是一个封闭的平台，这个闭环系统可以满足客户多种需求，如购买 App、同步传输数据等，数据资料的传输只能在苹果平台系统内进行，如果传输到安卓系统或者其他移动设备是完全行不通的。这让客户不会因为价格原因而放弃使用苹果公司的产品，高昂的转换成本会让客户继续使用苹果系统。

4. 从网络效应构筑"护城河"

网络效应的"护城河"应该是最为宽广的，具有网络效应的企业的价值因为用户数量的增加而不断提高，它形成的网络会不断扩大，并排挤其他小型网络，以此形成良性循环，形成强大的竞争优势。也就是：一家公司随着产品、服务使用人数的增加变得更有价值，同时产品、服务的价值也会不断增加。

强大的网络效应能够不断扩大自身的竞争优势，挤压竞争对手的生存空间，从而随着用户群体的增加越来越赚钱，最终在网络覆盖之处形成对手难以撼动的垄断。网络效应一旦形成，企业的成长越快，"护城河"就会越宽，企业的优势就会绝对凸显出来，形成垄断。每一种网络效应都是一种行业垄断。这才是网络效应的终极形式。

在中国，网络效应"护城河"有很多案例，像腾讯"微信+QQ"的组合基本断绝了其他网络社交平台的空间，还有淘宝、京东，曾经美国的eBay占据了中国90%的线上交易份额，最终本土兴起的阿里巴巴把它赶出了国门，再后来是阿里巴巴面临了"反垄断"危机。这些案例就是网络效应的完美体现。

网络效应是一种表面上看起来简单的复杂现象，它是企业能否基业长青的关键，也是在数字世界建立可防御性的头号手段。核心商业模式如果植入了网络效应，企业往往能够取胜，而且是大胜。

5. 从有效规模构筑"护城河"

有效规模构建的"护城河"是非常稳定的。有效规模就是我们常说的利基市场。市场规模比较有限，企业容纳数量也有限，但是却能提供比较独特的产业价值。在机械、化工行业比较常见这些"专精特新"的小而美企业，它们往往被称为隐形冠军，这也常常是大牛股的诞生地。

如果行业稳定增长，那么这些企业的"护城河"就可以不断加深。而潜在的入侵者会对当下的状况和整体行业利润进行评估，如评估收益比、未来大概多久能够收回成本等，它们想要拥有足够多的市场份额。假如市场机会非常有限，份额的争夺战会导致价格出现下跌，那么所有的厂家利润都要受到伤害。如果参与者足够理性的话，这个时候有限的市场规模就会构筑起壁垒。

进入壁垒想要得到有效的利用，厂家会在价格设定上做得恰到好处，既能获取良好的资本回报率，又不会让潜在进入者发现，这样就会让潜在入侵者失去进入这个市场的利益驱动。

但是，如果行业需求出现了爆发性增长，那么巨头企业就会选择进入，打破了原有的竞争格局，重新洗牌，之前的小而美企业就会受到巨大的冲击，小企业的"护城河"就会被阻拦。

需要注意的事项就是进入这个行业成本有多高？新进入者要回收成本需要获得多少市场份额？进入成本越高，需要的市场份额也就越多，有效规模"护城河"才会足够宽广。

随着社会的不断发展，我们会看到，"护城河"不是静止不动的，它是一个动态的过程，如果仅仅依靠某一阶段构筑起来的某一方面的"护城河"优势，就想要获得长期发展是非常困难的，传统的"护城河"是有生命周期的。护城河是动态变化的，这个世界唯一不变的就是变化本身。

企业要不断地追求创新和迭代更新的速度，从内部打破自身的边界。坚持与时俱进，坚持以客户和消费者为中心，理解消费者不断变化的需求，理解市场不断变化的需求，不断地创造长期价值，这才是构筑企业持久"护城河"的力量源泉。

最后，在商业道路上，企业保持对市场的敏感度，常怀敬畏之心，永远是正确的选择。

三、成长股投资核心八要素

如果我们不能在自己有信心的范围内找到需要的，我们不会扩大范围，我们只会等待。

——巴菲特

（一）业绩是支撑成长股上涨的唯一动力

营业收入的持续快速增长，是一家企业的造血功能，持续不断的增长是成长股的动力源泉。只要营业收入可以持续不断地保持增长，那企业的净利润才会有长期持续性的增长，净利润源源不断的快速增长，企业可以获得更多的现金流，其盈利空间才会充分。

投资成长股要实现远高于行业的收益率，获取更高的超额收益，可以通过"戴维斯双击"来达成。公司业绩超出市场预期，则股价表现更强劲，容易出现"戴维斯双击"。相反，公司业绩低于市场预期，短期股价容易出现"双杀"。

衡量企业的成长能力，重点看净利润增长率、营业利润增长率、营业收入增长能力。同时，要保证有可持续的成长能力，重点关注企业的可持续增长率。最不能忽视的一个重要指标是 ROE，ROE 体现了企业的盈利能力、运营能力、资产放大能力，可以更好地看出一家企业的竞争力优势。这个在前面"衡量企业的成长性"中有具体阐述。

同时，投资者还要结合企业成长的四个维度进行衡量比较，做进一步评估。

在成长速度上， 如果公司高速增长，代表着公司获取市场机会的能力较强，高速增长市场对企业的估值也相对较高。

在成长空间上， 成长股做中长线投资，获得成长的超额收益平均时间为5.7年，所以，投资者要重点考察企业未来5~10年的成长空间，重点是对产业的理解要透彻。成长空间越大，天花板越高，高速成长的时间周期就会越久，成长性也会越好，投资价值就会越大，有无限的发展潜力。

在成长质量上， 投资者既要看财务状况是否健康，也要看现金流回报是否可持续。企业的成长是一个长期持续的过程，对远期有布局，有长期竞争的意识，对公司未来的成长规划和研发投入都已规划在内，稳步推进。

在成长确定性上， 投资者通过上下游企业的验证、企业订单的规律性、公司披露数据的可追踪性方面可以进一步明确。一个成长确定性高、波动性较小的公司的估值要大于确定性低、波动大的公司。同时，好的商业模式，其成长确定性也会优于商业模式较差的公司。

（二）良好的公司管理能力

一个企业的最高领导管理层决定了一个企业未来的命运。尤其是对于长期投资者来说，一个企业的管理层是一个企业的灵魂，他决定了企业的日常经营、长远布局、发展战略，一个企业的风格和管理层的风格是息息相关的。

积极进取、努力开拓的管理层，反映到企业层面看到的是一家锐意进取、充满活力、不断寻求蜕变的"壮年"，有着无限的潜力和增长空间。相反，安于现状、坐吃山空的管理层，反映到企业层面看到的是一家平淡无奇、逐步没落的"老人"。同时，投资者也要结合管理层的年龄梯形、能力互补、学历高低等做进一步的判断。

比如苹果公司，乔布斯对苹果公司产品及创新精神的成就，使苹果公司成了一家全球伟大的科技公司。现在的 CEO 库克又把苹果公司带到了一个新的高度，建立了一个新的全球化供应链生态系统。

微软公司也是如此，比尔·盖茨创办了微软，改变了人们的生活方式，在全球的互联网企业中独树一帜。现在的第三任接班人萨提亚·纳德拉重塑了微软的使命和文化，开启了微软的变革之路，不遗余力地竞争，面对不确定性和威胁充满热情。"予全球每一个人，提供赋能"，"我们每一个组织乃至每一个社会，在达到某一点时，都应点击'刷新'——重新注入活力、重新激发生命力、重新组织并重新思考自己存在的意义。"业务上开拓新战局，抢占云革命，同时在混合现实、人工智能、量子计算三大领域深入布局，"刷新"了微软的格局，使微软从困境中开拓出了新局面，把微软带到了一个新的高度，市值也重新回到了巅峰。

费雪在其著作《如何选择成长股》中也提到管理层的重要性：

当我们在分析一家公司未来的销售额增长曲线时，有一个因素应该是时刻牢记于心的。如果一家公司的管理层非常优秀，而且整个行业将会在技术上发生重大的变革，公司的技术研发也在稳步进行，那么精明的投资者就应该提高警惕，留意公司的管理层有没有能力妥善把握这些机会，为公司创造出理想中的销售额增长曲线。这是选择出色投资对象应考虑的第一步。

不仅只是在管理层能力方面，我们还要关注高级管理者之间关系是否融洽，因为他们一旦出现矛盾，很可能导致某些高级管理者离开公司，或者在工作时不那么竭尽全力。

同时，费雪还很看重管理层的梯队建设，在他看来，如果高级管理者事必躬亲，一方面会导致他有太多琐事需要处理，另一方面有能力的人也得不到锻炼，而这无疑是不利于公司发展的。

（三）高筑壁垒是企业竞争的关键

高壁垒如同企业的"护城河"一样，让其他企业望尘莫及，壁垒就是独享未来超级大空间的保障。企业壁垒可以分为品牌壁垒、技术壁垒、垄断壁垒、资源壁垒、资金壁垒等几种方式。

1. 品牌壁垒

一般的宣传推广费用很高，它是指产品得到消费者的认可、接受和信任。大的品牌往往通过持续不懈的品牌形象的塑造，拥有稳定的忠诚消费者，如可口可乐、麦当劳、星巴克等，具有很强的品牌壁垒属性。品牌壁垒在消费品行业比较多，它的持续时间也会比较久。

2. 技术壁垒

一般研发费用比较高，高技术壁垒的公司对公司技术研发的持续投入、创新能力的不断突破、企业更新迭代速度要求很高。尤其是对于科技或互联网企业来说，其技术壁垒至关重要，占有先前优势，使后起企业很难逾越，在技术上下大成本和硬功夫，领先于同行或竞争对手。

但是，我们也要看到不利的一面，随着科技突飞猛进的飞速发展，产品更新换代的速度很快，产品的被替代性很强，如果企业没有开发出核心竞争力的产品，随时可能面临被淘汰的命运。

像诺基亚手机曾经在手机市场上独霸一方，但是由于没有与时俱进，没有做新产品的创新突破，智能手机大市场来临的时候，没有跟上节奏，跌下了神坛。

3. 垄断壁垒

垄断公司的业绩比较稳定。因为涉及公众的安全、国家的安全，还有利益集团等，在第一关行政审批环节就已经形成了壁垒，阻止了其他企业的进入，这就出现了垄断或行业的竞争不够充分的局面。比如中国石油、中国石化，还有四大国有银行，它们属于行业的巨无霸，处于绝对垄断地位。

4. 资源壁垒

资源壁垒型的公司，拥有得天独厚的资源优势，享受到整个市场的独家定价权与高毛利率的优势。例如，全球第一大的稀土公司——北方稀土公司，它凭借独一无二的资源优势把握住定价权，成为行业的垄断。

5. 资金壁垒

资金壁垒就是企业进入一个产业，必须达到一定的设立成本"阈值"，规模经济效应使大规模投资者、生产者具有成本优势。

构筑企业的高壁垒，也是企业核心竞争力的一部分，是企业竞争的关键一环。而且企业要与时俱进，保持竞争壁垒，也要创造新的竞争壁垒，使企业可以持久保持基业长青。

（四）市值小更容易获得青睐

10 倍股特征内容也提到了小市值的优势和空间。A 股市场上的大牛股，有一个共性的规律就是从小市值发展起来到大牛股，因为小市值更容易走出 10 倍、100 倍的走势。它们在起步阶段市值往往在 20 亿元以下，还有就是大行业里增长潜力大的小公司。

业绩成长好、风险较小、估值更低的小而美企业，它们可能在某个细分市场占据领先地位，有自己核心的竞争力和明确的企业战略方针，产品和服务难以被超越或模仿，所以它们的成长和盈利能力很强，业绩呈高速增长态势，成长潜力空间巨大。

（五）现金流是公司长期生存下去的第一指标

现金流是一个企业的血液，尤其是对于成长型企业来说，现金流就是一切，只有流动起来，才能产生利益。企业只要具备稳定的现金流，就可以活下去，产生利润就是顺理成章的事情了。

不管企业有多好的商业模式、多强大的高壁垒，一旦企业现金流出现了问题，企业随时有可能出现破产的风险。没有经营现金流支持的利润是假利润，经营性现金流是销售活动产生的现金净流入。

现金流分为三大块：一是经营性现金流，也是最重要的现金流，它解决了企业持续经营和扩大再生产的问题；二是投资活动现金流，主要与企业的战略有关；三是筹资活动现金流，如果企业经营现金流良好，也没有必要进行筹资。

企业的现金流越大，财务数据就会越扎实，适应和变现能力就越好，同时抗风险能力就越强。企业偿债能力也可以从现金流量表中分析出来，偿债能力强的企业可以筹集到更多的资金，更多利润就会产生，可以避免财务危机的发生。

（六）细分行业的龙头企业

所谓细分行业的龙头股，就是企业在市场上对同行业板块的其他股票具有强大影响力和号召力。它就像"龙头"一样走在最前方，激发带动着市场的人气。

细分行业的龙头企业拥有各自的"护城河"，其市场占有率高、拥有很强的定价权、现金流稳定、有自己的核心产品，未来更容易出现强者恒强的发展局面。在快速成长的行业中，选择一个细分行业的龙头企业也就意味着其已经捷足先登了，这也是企业核心竞争力的最强有力的体现。龙头企业的安全边际高，暴雷风险低，一旦迎来了行业风口，上涨势不可挡，丰厚的回报会快速变现。

细分行业的龙头股不仅能带动同板块股票，甚至可以带动大盘指数上涨。它往往能先于大盘企稳、先于大盘启动，上涨时间早、速度快、幅度大。而且在行情不好的时候，它具有强大的抗跌能力，甚至逆市拉升，让大资金青睐有加。

细分领域的龙头企业会出现下面的特征：

◇ 具备一定的资金凝聚力和市场号召力，激发和带动市场的人气。
◇ 具备纵深发展的动能与持续上涨的潜力。
◇ 行情来临时，它是最容易启动的股票。
◇ 它是一波上升行情里涨幅最大的股票。
◇ 龙头股的主力资金雄厚，资金参与度高，而且对当下政策、消息面、企业情况等保持高度的敏感。

> ◇ 龙头板块为主流大资金的自由进出提供了很好的流通容量。
>
> ◇ 龙头板块的持续时间长，不会过早分化或频繁切换。
>
> ◇ 流通市值适中偏小，这使一只股票既能容纳一定的资金，又能随大盘灵活变化。

正是由于龙头企业具有这些特性，也就决定了自身的强势性。细分行业龙头企业蕴藏着无限潜能，可以吸引更多资金源源不断地注入，从而使与行业龙头股同一板块的企业或同一类的企业也能跟着它一起绽放光芒。

（七）净资产收益率是判定企业好坏的靠谱指标

净资产收益率（ROE）是企业利用资产去赚钱的能力，代表企业的盈利能力和成长型，它是衡量企业利润再投资的回报水平。

ROE 的提升是企业成长的一个重要指标，它是成长股的核心要素，但同时要考虑业绩的稳定增长与行业发展空间。ROE 的提升可以带动估值的提升，这样就会出现"戴维斯双击"，这也是成长企业获得超额收益的源泉。

企业的 ROE 越高，代表企业的盈利能力和成长性越好，一般高成长股净资产收益率指标大于 15% 以上，且具有持续性和稳定性。像伊利股份，ROE 始终保持在 25% 左右，茅台、五粮液 ROE 长期稳步在 20% 以上。

ROE 在衡量企业短期、中期、长期的维度上，都可以很好地作为行业基本面和股价链接的桥梁。

从短期维度看，短期 ROE 的趋势主要由净利润的增速决定，短期个股的涨幅大小与 ROE 的变化趋势呈强正相关关系。

从中期维度看，中期的 ROE 趋势取决于净利润的趋势，而净利润趋势的背后受宏观经济周期或产业周期的影响。产业趋势的强弱决定了 GDP 在各个行业的分布，也决定了股价。

从长期维度看，长期 ROE 趋势取决于企业持续分红和回购的能力。在长期稳定状态中，企业不断分红和回购，使得企业 ROE 水平抵抗住更大的短期盈利增速波动，市场对企业的关注点会更聚焦在持续稳定的 ROE 上。企业长期保持稳定的 ROE，将享受更高的估值溢价。

（八）估值的重要性

通过估值，量化企业价值，让我们对企业或其业务的内在价值能够进行正确的评价，估值是衡量企业实际价值的重要一环，本书将会在第三章详细阐述估值的方法，梳理自由现金流折现法（DCF）、P/E 市盈率模型、杜邦分析法三种估值方法，其中自由现金流折现法是最为常用的一种估值方法。

在实际的投资过程中，我们很难主观地去评判其中哪一种估值方法是最好的。在大多数情况下，我们建议投资者把若干主流的企业估值方法结合起来使用。

尽管每个投资者对不同估值方法的偏好程度不同，但也极少有投资者会仅仅使用一种估值方法进行企业估值。比如自由现金流折现法和 P/E 市盈率模型作为绝对估值方法和相对估值方法各自的代表，就比较适合放在一起使用，结合不同企业来使用不同的估值方法也是投资兼具艺术性特征的一种体现。

同时，估值本身也不是一个客观意义上的绝对数字，更多的是一个区间范围，是投资者不同假设情形下的一种情景和结果的推断。估值的最终目的是寻找和发现与市场的预期差，并理解预期差存在的原因，而预期差才是获得投资收益的主要来源之一。

四、如何捕捉 10 倍大牛股

> 股市赢家法则是：不买落后股，不买平庸股，全心全力锁定领导股。
>
> ——彼得·林奇

（一）10 倍股成长的土壤

1. 跟随国家经济发展大趋势

做价值成长投资就是赌国运，押注国家未来的发展，与国运同在，与伟大的企业共同成长！在投资中，真正的大趋势是"国家的趋势"，投资者也只有看清了国家经济发展的大趋势，才能真正坚持长期投资。投资成长股就是投资成长中的国家经济。

巴菲特也曾经提到自己投资之所以取得巨大成就，其中一方面原因是中了"卵巢彩票"，也就是巴菲特在合适的时间出生在美国，伯克希尔公司的成功在很大程度上只是搭了美国经济的顺风车。

从历史上看，股市与经济的发展高度重合。

回顾美国的历史，历经 1929 年大萧条、第二次世界大战、古巴导弹危机、石油危机、科技股泡沫破灭、2018 年次贷危机，每一次危机都导致股市的大幅暴跌，但每一次股市都从危机中走了出来，并一次次创出新高。第二次世界大战过后，美国是全球最强大的国家，无论是经济、军事，还是科技，都引领着世界的发展。

图 2-2 为标普 500 在 1929—2020 年的走势图。

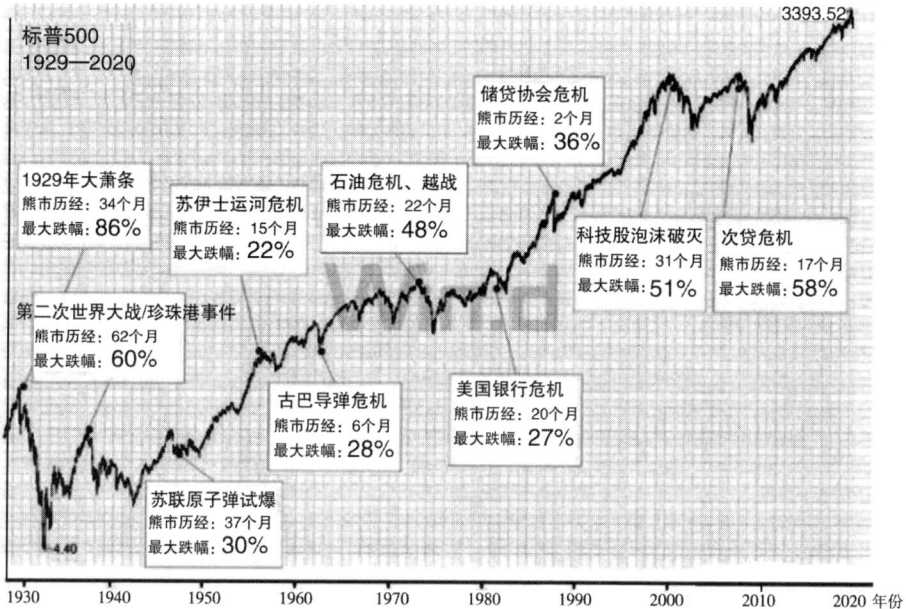

图 2-2 标普 500 走势图（1929—2020 年）

资料来源：东方财富网 https://caifuhao.eastmoney.com/news/20201221175204424842600。

再来看一下 20 个国家近百年的股市与经济增长情况（表 2-2）。

表 2-2 20 国近百年股市与经济增长情况

国家	代表指数 年化涨幅（%）	名义 GDP 年化增幅（%）
美国（1929—2017 年）	5.64	6.12
日本（1970—2017 年）	5.33	4.36
德国（1959—2017 年）	6.09	5.72

续表

国家	代表指数 年化涨幅（%）	名义 GDP 年化增幅（%）
英国（1994—2017 年）	5.70	5.52
法国（1984—2017 年）	5.72	3.51
澳大利亚（1992—2017 年）	5.57	5.90
加拿大（1961—2017 年）	7.28	5.77
丹麦（1989—2017 年）	8.48	3.90
印度（1996—2017 年）	12.11	12.40
巴西（1990—2017 年）	13.60	13.27
俄罗斯（1995—2017 年）	12.72	20.85
南非（1995—2017 年）	11.34	10.01
意大利（2002—2017 年）	0.23	1.67
西班牙（2002—2017 年）	1.20	2.91
葡萄牙（2002—2017 年）	2.59	1.97
希腊（2002—2017 年）	-3.56	0.26
爱尔兰（2002—2017 年）	1.41	5.39
阿根廷（1993—2017 年）	17.86	17.34
泰国（1993—2017 年）	0.17	6.69
以色列（1991—2017 年）	10.57	6.54

资料来源：东方财富网 https：//caifuhao. eastmoney. com/news/20201221175 204424842600。

所以，在成熟的资本市场，股市的长期表现和经济增长基本吻合。

在中国做投资要获得超额受益就是捕捉 10 倍大牛股，看它的超级成长性，要始终看好中国经济的未来发展，而且投资信心不被短期因素所扰动；同时，选取符合时代发展特点的大牛股，从行业和公司本源出发，不为表面因素所迷惑。

过去十几年投资市场在互联网、金融、地产、消费领域实现了很多从小到大的 10 倍股的诞生。中国股市过去能够取得超额收益的都有一个共同点，就是超级成长，像贵州茅台、格力电器、片仔癀、恒瑞医药等。估值不低是它们共同的特征，长期估值也不低，由于它们的成长性良好，所以股价十几年来涨幅巨大。

同时，中国是一个良好成长的经济体，GDP 平均每年以 7% 左右速度增长，加上科创板的设立、注册制改革的实行，为未来超级成长股提供了更加有利的条件，所以优质企业成长空间巨大。因此，长期持有这些大牛股，是获得超额收益最好的投资方式，确定性也最强。

但是，无论在美国、中国，还是世界上的其他国家，超级 10 倍大牛股都是稀缺的，能够找到是一项挑战，你能耐心地拿得住更是一项很大的挑战。

2. 寻找大行业中的"稀缺性"

讲到"稀缺性"，大行业中的"稀缺性"是最具有价值的，是诞生超级成长股非常好的条件。两个关键词："大行业""稀缺性"，前者是后者的附加条件，后者是前者的根本方向。从企业层面来看，大行业、大市场才是企业发挥"稀缺性"的基本条件。像白酒、新能源这样万亿级的赛道，以及那些现在规模不大，但未来成长性会有巨大空间的行业。

一个企业的"稀缺性"可以体现在很多方面，像商业模式的"稀缺性"、产品的"稀缺性"、行业地位的"稀缺性"等。比如，爱尔眼科，它是 A 股唯一一家做综合眼科服务的企业，通策医疗是 A 股唯一一家做连锁口腔医疗的上市公司。眼科和牙科都是千亿级的大市场，在行业内能做成这样大规模的，目前只有这两家公司。还有，像食品行业的涪陵榨菜，在行业内做大的企业就这么一家。这样的企业就会引起众多资金的投资，为企业的进一步壮大注入资本。

如果资本市场中有很多同业公司可选择，产品又存在同质化的情况，

商业模式的稀缺性往往会发挥作用。比如卖零食的良品铺子，它打破了同质化的竞争，创新了新的经营模式，

模式的"稀缺性"让公司在零食行业表现突出。

还有，像茅台酒独特的配方加上自家造酒的环境——茅台镇无法复制、扩产，让产品从制造源头上具有了稀缺性。片仔癀也是，企业自身拥有国家保密配方，而且对于药的原材料天然麝香拥有唯一的使用权。

所以，站在大行业中寻找"稀缺性"，一个好的生意是建立在稀缺资源之上的，但是通过创新也能够将原有稀缺状态打破，进入另一个发展状态中去。

（二）10 倍股的摇篮

行业的景气程度及成长性，是大牛股具有生命力的核心。10 倍大牛股有很强的行业性，成为 10 倍股缺少不了的就是其成长性，保持长期持续的高成长是成为 10 倍股的关键。从行业的分布来看，大消费、大医药和大科技这三大领域是催生 10 倍大牛股聚集的地方，过去是这样，相信在可预见的未来也是如此（图 2-3）。在宏观层面上，这也恰好对应了两轮 10 倍股行情的兴起。

医药行业在每个市场阶段都涌现出了大量的大牛股。消费行业的大牛股不需要择时，2014 年后消费逐步取代投资成为拉动 GDP 增长的主要动力，其行业规模是持续稳定扩展的，背后是消费行业确定性较强、受宏观经济影响波动较小。

2019 年后科技产业景气高涨并成为中国经济增长的中坚力量，科技产业在新技术商业化应用落地与国产化加速的背景下，多产业景气周期上行共振。产业周期的共振提振了科技景气度高涨。随着智能制造时代的到来，中国的信息科技不断崛起，在全球占有一定市场，科技股的爆发也是

顺势而为。此外，科创板的设立使得优质科技股权资产供给更为充裕，也为增量资金提供了匹配的投资标的。

占比（%）

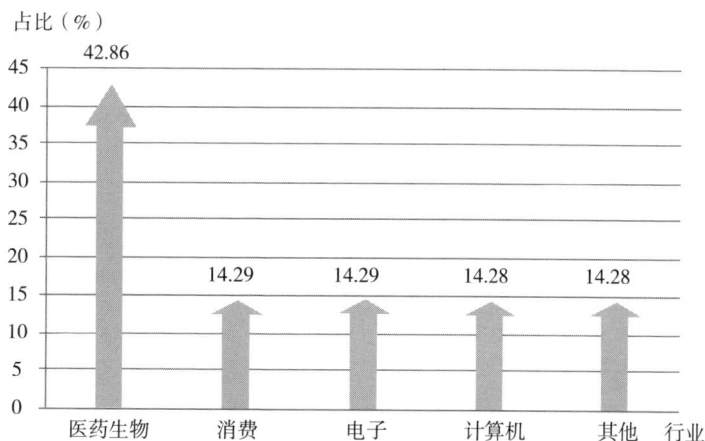

图 2-3 10 年 10 倍牛股行业分布图

资料来源：腾讯证券 https：//mp. weixin. qq. com/s/e3ZlqMXwwpzrb6aArB7-bg。

下面截取部分东吴策略研报发布的关于《A 股十倍股群像》的研究报告。

若从涨跌、股权、财务、估值、行业五个角度寻找 A 股 10 倍股的特殊基因，投资者可以按照以下标准进行 10 倍股的筛选：

筛选标准

项目	筛选指标	筛选条件
涨跌	起始日	2010 年 1 月 1 日以后
	自起始日以来历史最大涨幅	大于 300%＆小于 900%
	起始日至 2020/6/30 涨幅	小于 900%

续表

项目	筛选指标	筛选条件
公司自身	管理层薪酬总额均值（起始日—2019 年，下同）	大于 200 万元
	管理层薪酬占营收比例均值	小于 2%
	第一大股东累计质押占比（截至 2020/6/30）	小于 40%
	研发支出占营收比例均值	大于 2%
业绩	归母净利润年化复合增速（起始日—2019 年，下同）	大于 10%
	毛利率均值	大于 20%
	销售费用率均值	大于 2%
	ROE 均值	大于 8%
	销售净利率均值	大于 7%
	资产周转率均值	大于 0.4%
	经营活动产生现金流/营业收入均值	大于 8%
估值	上市日市值	小于 80 亿元
	2020/6/30 市值	大于 90 亿元
	年化 α	大于 10%
	股息率均值	大于 0.3%

我们从"上市一年后最大涨幅"和"上市一年至今累计涨幅"两个维度筛选 A 股 10 倍股，并且考虑到 2000 年之前市场成熟度有限，选择总时间区间为 2000/1/1—2020/6/30。我们通过样本重合对比后筛选出 120 只稳定性比较强的 10 倍股，视为长周期 A 股表现最佳的个股集合。

牛市涨得多，熊市跌得少

作为长周期视角下 A 股表现最佳的个股集合，我们发现筛选出的 10 倍股股价走势与市场整体呈现出较高的关联性，简单来说就是牛市涨得多，熊市跌得少。

2000年以来共筛选出120只10倍牛股

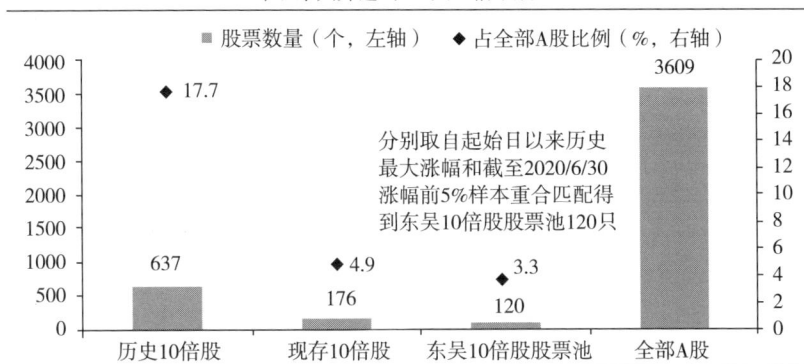

通过比较 10 倍股和全部 A 股在四轮牛熊市中的涨跌幅，我们发现 10 倍股不止在牛市区间涨幅更高，在熊市区间也有足够的安全垫，跌幅明显更小。

10倍股在牛市区间涨幅更大

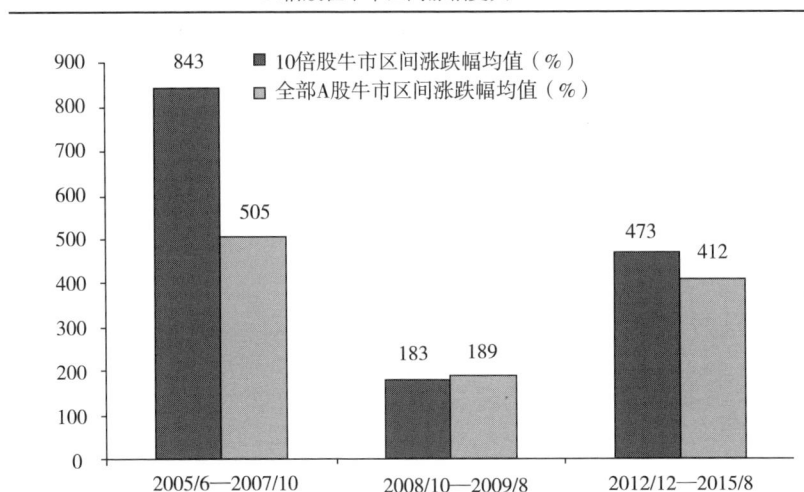

10倍股在熊市区间跌幅较小

| ■ 10倍股熊市区间涨跌幅均值（%） | ■ 全部A股熊市区间涨跌幅均值（%） |

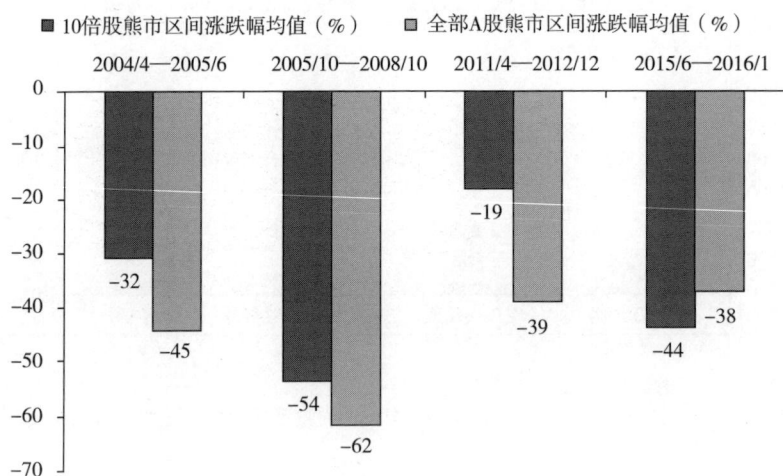

8 年磨一剑，追涨不用慌

据统计，以 10 倍股上市后一年作为起始日，以股价涨幅达到 10 倍作为终点，10 倍股平均用时 100 个月，即 8 年左右。从分布看，60%的 10 倍股股价创 10 倍用时集中在 30~120 个月，即 3~10 年。

10倍股达到10倍股价用时主要集中在3~10年

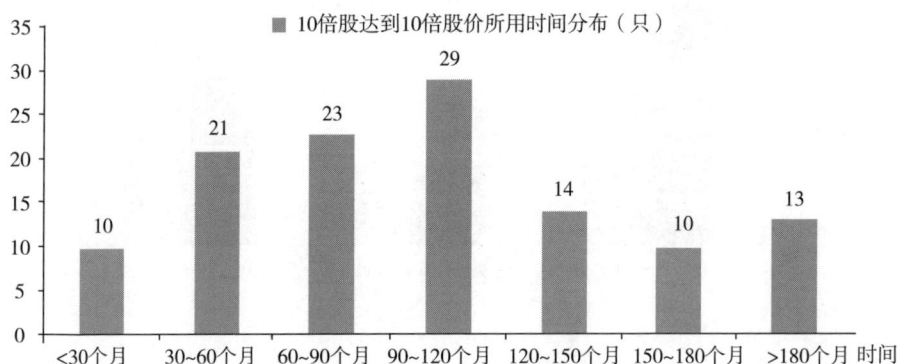

在已经涨了 N 倍还能否追涨的问题上，统计显示，全部 A 股自起始日达到 N 倍股价后继续上涨为 10 倍股的概率，结果显示股价已涨到 2 倍往

后能达到10倍的概率为25%、3倍（30%）、4倍（36%）、5倍（42%）、6倍（52%）、7倍（63%）、8倍（74%）、9倍（88%）。

并且以每涨50%后能成为10倍股的概率计算来看，第1次涨50%后能达到10倍股价的概率为22.3%、第2次（25.9%）、第3次（31.9%）、第4次（42.8%）、第5次（69.5%）。从两个视角下，我们都能看出，在股价不断上涨的过程中，行业地位和市场认知度持续提升，且到10倍股的距离在不断缩短。

股价已涨N倍后能成为10倍股概率

概率（%）　　■ 股价已涨N倍后能成为10倍股概率（%）

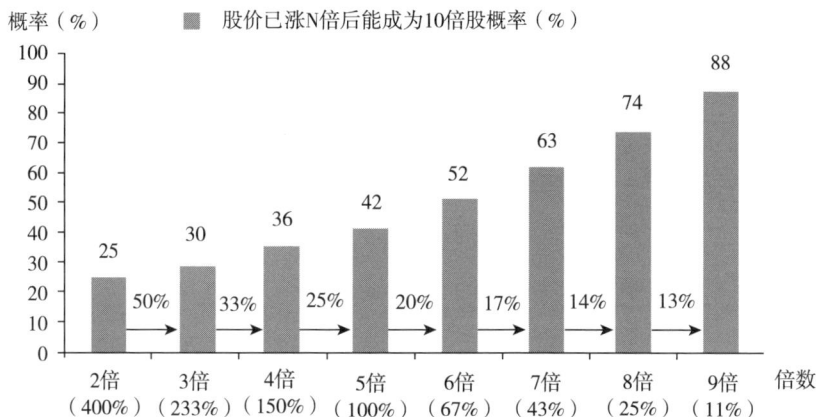

注：横轴括号内为股价已涨 N 倍后到 10 倍股价的收益。

10倍股成长是一个长期过程，8年时间意味着成就一只10倍股至少要穿越A股一轮牛熊，8年10倍对应10倍股年化收益率33.4%，且10倍股在熊市中回撤更小，因此我们认为对于10倍股长期持有及波段择时更优。

净利润年化增速23%，高增稳定还持久

股市从短期来看是"投票机"，从长期来看则是"称重机"，本质来看业绩才是10倍股上涨的核心动力，运用归母净利润的年化复合增速中位数来对比，发现10倍股从起初日到2019年中位数为23.1%，远高于A股的

9.3%，而且很多年份 10 倍股的业绩增速也要高于 A 股。从每股收益（EPS）看，10 倍股 2000—2019 年其中位数的均值为 0.5 元，明显高于全部 A 股的 0.2 元，且过去 20 年 EPS 中位数均高于全部 A 股，即 10 倍股有稳定持久的业绩高增。

股价每涨50%后能为10倍股概率

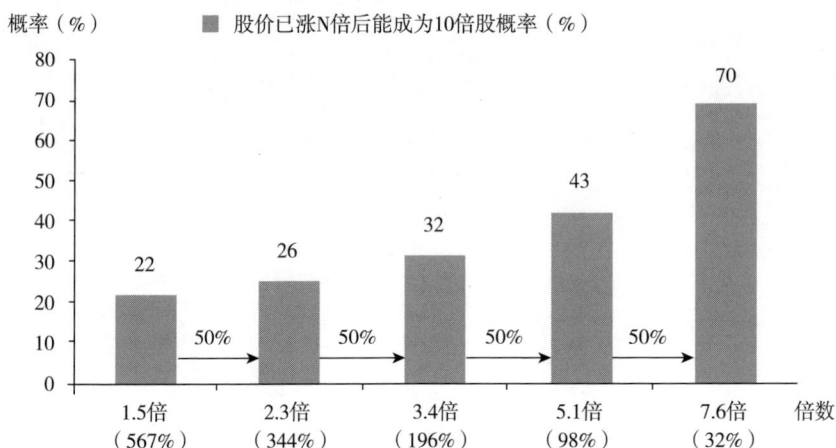

注：横轴括号内为每涨 50% 后到十倍股价的收益。

10倍股净利润同比增速显著高于全部A股

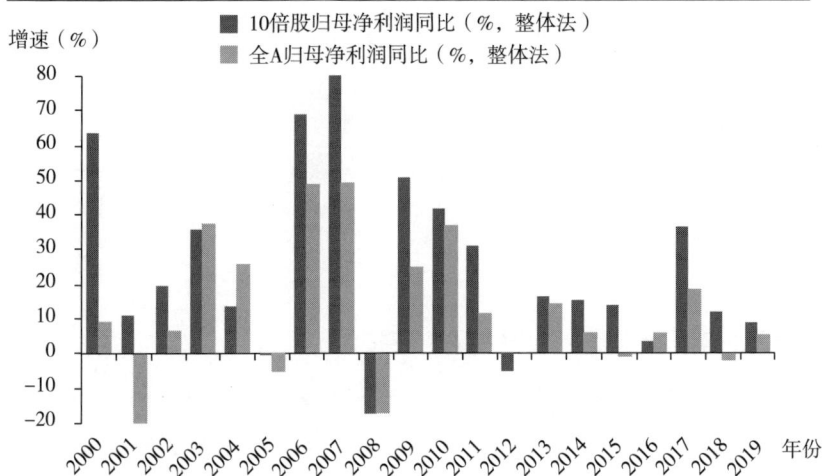

按利润表拆分净利润贡献后，我们发现高毛利率和高营收是10倍股业绩增速的主要因素。从营收看，10倍股在2000—2019年营收的同比增速为24.0%的均值，明显高于全部A股的15.5%。从毛利率看，10倍股毛利率中位数的均值为30.0%，明显高于全部A股的22.6%。从销售费率看，10倍股销售费用占营收比重中位数均值为5.8%，明显高于全部A股的3.9%。

10倍股EPS明显高于全部A股

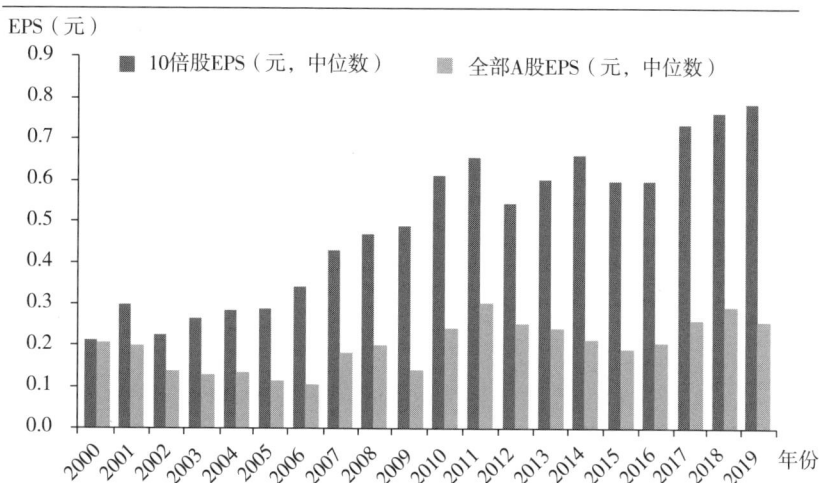

消费与科技是主阵营，同时，行业轮动要服从于产业更迭。

74只10倍股出现在科技与消费行业，占比为63%。在前五大行业中，医药26只（22%）、电子10只（8%）、食品饮料10只（8%）、房地产为7只（6%）、计算机9只（8%）；另外，还有周期性行业，化工、有色金属、电气设备均有5只（4.2%），国防军工7只（5.8%）。

我们认为，受产业升级和政策方向的影响，中国经济的增长具有显著的产业周期，如在1990—2000年消费制造的时代，2000—2010年工业制造的时代与2010年至今智能制造的时代。10倍股的行业聚焦在产业周期的主导产业中，每个时期的主导产业会依附于它背后的宏观背景。在2000

年中国迈入了工业制造的时代，中国加入 WTO 与系列房地产新政策等事件给经济注入了新的动力。房地产行业变成了本轮周期的主导性产业，在 2005 年 6 月—2007 年 10 月和 2008 年 10 月—2009 年 8 月这两轮大牛市中，房地产行业涌现出了很多 10 倍股。

2010 年进入了智能制造的时代，受美国科技周期的影响，中国的新兴消费和信息技术开始崛起，硬件设施成为科技股行情的第一棒，TMT 成了 2012 年 12 月—2015 年 6 月牛市的主导产业，也是 10 倍股的集中诞生地。每一轮的产业周期都有一个共同的特点，就是医药行业无论在哪个阶段都有大量 10 倍股的出现，尤其在 2005 年 6 月—2007 年 10 月这轮牛市中，医药是 10 倍股诞生聚集地。这主要是由于医改贯穿了 2005 年以来的三轮牛市，其中 2006 年国务院成立医药卫生体制改革工作小组，开启新一轮医改，2009 年，政府加大对医疗的投入，基层医疗强化，基本药物制度得到推进，2018 年，政府更提出了医改新要求：公立医院改革、医保控费、药价改革等新政，医药行业整体从中受益。

10倍股行业轮动服从产业更迭

各轮牛市区间诞生10倍股行业分布（只）

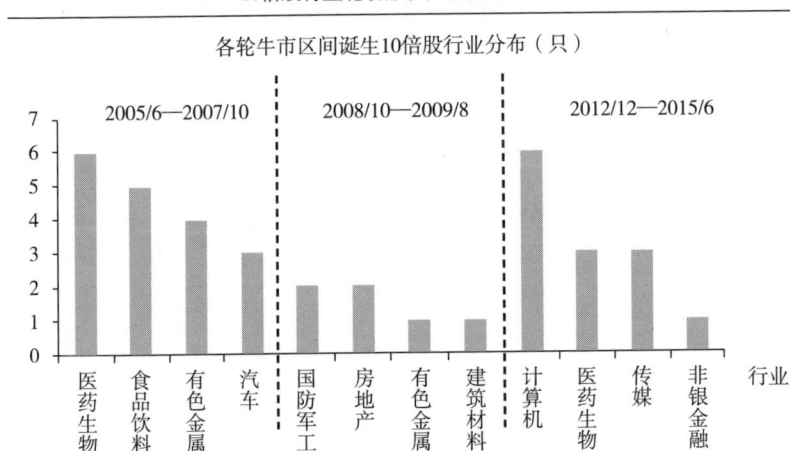

消费、科技、周期 10 倍股上涨形态迥异

我们认为，食品饮料、医药的 10 倍股指数在近 20 年里持续处于上升

的趋势，一般不需要择时，原因是消费行业的确定性高，受宏观环境影响也比较小。以食品饮料、医药行业为例，它们的营业收入可以持续保持着15%~20%的增速，持续稳定扩张的行业，其10倍股股价指数也保持稳定上行。

医药行业不需择时持续稳定扩张

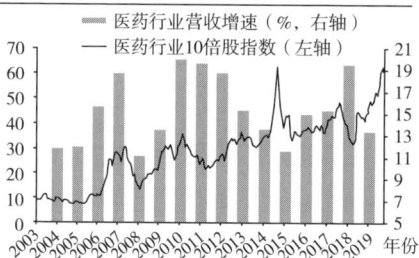

食品饮料行业不需择时持续稳定扩张

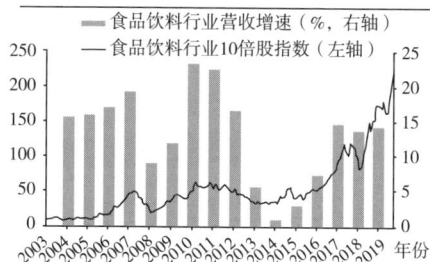

但科技10倍股需要择时，因为它具有强烈的波动周期。

我们分析，科技行业是好赛道毋庸置疑，然而它在3~5年创新产业（300832）的周期，在股价上体现的话，电子行业、计算机行业的10倍股股价的波动是比较明显的，在2012—2015年持续3年上行，在2016—2018年持续三年回调。实际上，电子、计算机行业收入增速波动就很大，上行周期中有25%~40%的增速，但回落阶段增速普遍在20%以内，科技类行业10倍股需要对产业周期有比较充分的把握。

电子行业服从科技行业3—5年产业周期

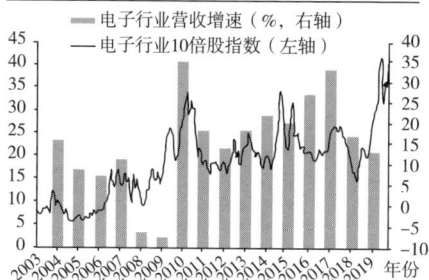

计算机行业服从科技行业3—5年产业周期

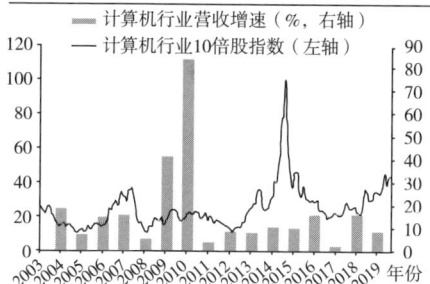

（三）10 倍股的特征

1. 选择好赛道，押注高成长周期的起始阶段

10 倍股的特征有以下几点：

（1）是符合国家经济转型的新兴行业，高景气赛道选择扩张的"勇者"。

（2）是有着长远增长前景、能够以较高回报率实现资本价值复合增长的"智者"。

（3）是大消费产业，有着盈利能力较强、长期持续的高复合增长的"能者"。

（4）构建盈利增长和高投入资本回报率的双引擎，构建股东与管理层之间的良性循环，重点布局在高成长周期的起始阶段。这些阶段公司本身内在具有很强的竞争优势，诞生于还未到行业提供的大发展期，或者公司成功的商业模式仅在成长周期的起步阶段。处在千亿、万亿级的赛道空间，市场潜力巨大，规模效应明显，高回报、高复合增长、高业绩产出。

2. 小市值，大空间

低市值是 10 倍股的沃土，20 亿元以下市值是 10 倍股的集中营，而且行业体量要足够大，如果行业的向上发展空间受限，那么即使小市值也是不匹配 10 倍股的标准。

公司如果处于低价格区间，那么低估值或低价才是确保 10 倍股的最大依据。投资者挑选出未被市场发掘的优质低价股，那些备受资金青睐的白

马股选择回避，前期的累计跌幅高达 60% ~ 70%，属于已经"遭人唾弃"阶段。投资者在低位择机建仓可以显著提高收益率。（图 2-4）

股价低位才是保证10年10倍股最大的依据

在不同时点买入10年10倍股并持有至今的年化收益率

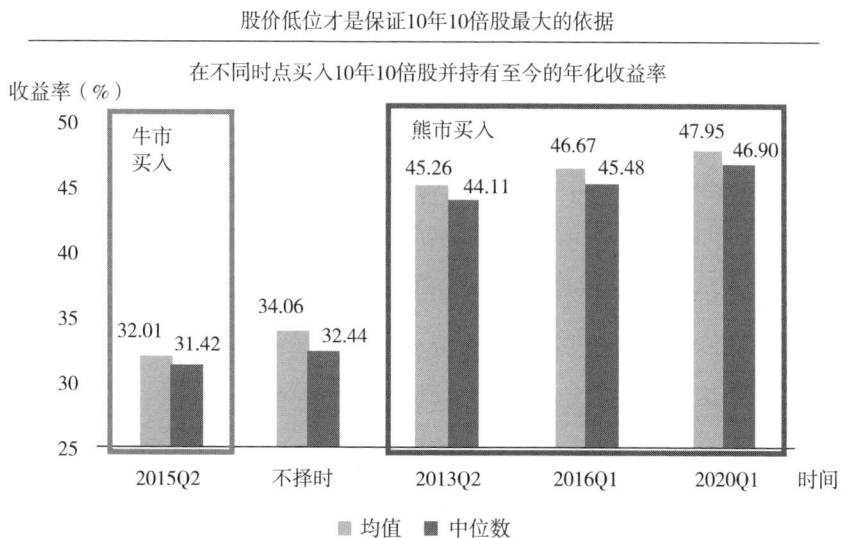

图 2-4　在不同时点买入 10 年 10 倍股并持有至今的年化收益率

资料来源：Wind，安信证券研究中心。

3. 业绩增速明显领跑

股市从短期看是"投票机"，长期看则是"称重机"。业绩是 10 倍股上涨的核心动力，其拥有稳定增长、高 ROE、高毛利、充裕现金流、低负债特点，有着巨大的想象空间。

成长能力：营收复合增速大于 15%，净利润复合增速大于 20%。

盈利能力：平均净资产收益率（ROE）大于 15%，平均投入资本回报率（ROIC）大于 10%。

盈利质量：平均销售毛利率大于 30%，平均净利润率大于 15%。

分红比率：平均分红率不高于 30%。

还有非常重要的一点是企业的复合增长能力，复合增长率在 40% 以上，这是 10 倍股坚实的基础支撑。

4. 坚持长期主义

10 年 10 倍增长是个漫长而曲折的过程，长期逻辑下估值提升带来的贡献比短期业绩变动更为重要。因此，业绩不及预期仅仅是对 10 倍股的短期冲击，甚至会给出更有吸引的建仓时点。

在 A 股市场上，10 倍股涨幅时间平均需要 5.7 年的时间，这就需要投资者做标的选择时一定要看长期，要选择看得懂的行业、看得懂的企业，预测企业未来有更高的成长性和高复合增长的能力。同时所选企业在领域内属于龙头企业或处于垄断地位，这样随着时间的推移，企业高速成长起来，业绩实现兑现。

10 倍股最大的考验来自股价大幅下跌的时候。因此，至暗时刻对于 10 倍股的坚守非常重要，此时最大的支撑并不是来自短期基本面，而是来自对企业家的信任，来自对行业前景的坚信、来自对企业家异质性的研究。

从表 2-3 我们可以看到，如果剔除 10 倍股最高涨幅的那几周，它的收益会非常的普通。这说明拿得住和坚持长期主义是多么的重要。

如果你没有经历过几次市值腰斩的经历，就难以获得高额收益，所谓以年为时间单位持有，也就是一句空话了。然而，巨大的财富往往就是在这种过程中获得的。

投资的最高境界往往是不卖，而且要用一生的时间去选股，更要有用一生的精力去守股，一旦找到具有这种优秀商业模式的优质公司，甚至可以是"藏之于名山，传之于后人"的。

《孙子兵法》有云：善战者，无智名，无勇功。生活和投资的经验也告诉我们，真正的人生大赢家，平时看起来似乎平淡无奇，也没有什么惊天动地的故事，然而经过多少年之后，我们不得不发出"两岸猿声啼不住，轻舟已过万重山"的喟叹。像投资万科的刘元生和投资海康威视的龚虹嘉，是大牛股成功投资的典范和楷模。

表2-3　十倍股剔除涨幅居前的交易日后收益率对比

证券代码	证券简称	2011年至2021年涨幅（%）	剔除涨幅最高的一周		剔除涨幅最高的三周		剔除涨幅最高的五周	
			累计涨跌幅（%）	最终收益下降幅度	累计涨跌幅（%）	最终收益下降幅度	累计涨跌幅（%）	最终收益下降幅度
601012.SH	隆基股份	5874.18	4554.72	-22.5%	2756.42	-53.1%	1759.54	-70.0%
300014.SZ	亿纬锂能	5334.25	3939.57	-26.1%	2477.09	-53.6%	1622.73	-69.6%
300390.SZ	天华超净	4031.36	2564.40	-36.4%	1121.60	-72.2%	577.60	-85.7%
002709.SZ	天赐材料	3932.78	3248.42	-17.4%	2119.44	-46.1%	1407.51	-64.2%
300059.SZ	东方财富	3777.76	2407.54	-36.3%	1208.40	-68.0%	696.76	-81.6%
300347.SZ	泰格医药	3078.23	2411.68	-21.7%	1666.07	-45.9%	1221.09	-60.3%
603799.SH	华友钴业	2874.62	1844.80	-35.8%	856.04	-70.2%	535.34	-81.4%
002475.SZ	立讯精密	2872.16	2482.85	-13.6%	1789.95	-37.7%	1318.76	-54.1%
300274.SZ	阳光电源	2748.91	2052.13	-25.3%	1262.39	-54.1%	823.09	-70.1%
002714.SZ	牧原股份	2737.97	2019.48	-26.2%	1288.56	-52.9%	846.92	-69.1%
002460.SZ	赣锋锂业	2695.52	1909.37	-29.2%	1230.12	-54.4%	806.98	-70.1%
600436.SH	片仔癀	2574.93	2182.73	-15.2%	1635.59	-36.5%	1232.02	-52.2%
600763.SH	通策医疗	1904.51	1587.45	-16.6%	1031.05	-45.9%	718.55	-62.3%
300285.SZ	国瓷材料	1889.42	1235.28	-34.6%	860.90	-54.4%	610.21	-67.7%
600519.SH	贵州茅台	1693.31	1543.93	-8.8%	1190.42	-29.7%	934.38	-44.8%
300015.SZ	爱尔眼科	1684.24	1500.55	-10.9%	1117.50	-33.6%	847.65	-49.7%
300033.SZ	同花顺	1683.47	1107.28	-34.2%	527.33	-68.7%	281.06	-83.3%
002049.SZ	紫光国微	1602.02	1056.53	-34.1%	586.33	-63.4%	365.88	-77.2%
300496.SZ	中科创达	1537.15	1016.25	-33.9%	391.81	-74.5%	210.32	-86.3%
601888.SH	中国中免	1448.80	1078.87	-25.5%	747.84	-48.4%	532.35	-63.3%
002371.SZ	北方华创	1414.71	1078.54	-23.8%	638.56	-54.9%	406.18	-71.3%
300122.SZ	智飞生物	1383.68	1104.39	-20.2%	681.04	-50.8%	440.30	-68.2%
002271.SZ	东方雨虹	1377.73	1170.76	-15.0%	789.66	-42.7%	582.30	-57.7%
600809.SH	山西汾酒	1368.97	1232.83	-9.9%	889.01	-35.1%	673.03	-50.8%
603019.SH	中科曙光	1344.48	896.57	-33.3%	345.46	-74.3%	156.55	-88.4%
300253.SZ	卫宁健康	1273.29	1046.28	-17.8%	650.70	-48.9%	424.90	-66.6%
601799.SH	星宇股份	1217.55	974.14	-20.0%	652.40	-46.4%	446.65	-63.3%
002179.SZ	中航光电	1153.65	826.79	-28.3%	583.04	-49.5%	423.24	-63.3%
300124.SZ	汇川技术	1092.81	927.00	-15.2%	634.62	-41.9%	462.83	-57.6%
002415.SZ	海康威视	1073.53	875.38	-18.5%	628.00	-41.5%	469.56	-56.3%
	均值			-23.5%		-51.6%		-66.9%

资料来源：Wind，安信证券研究中心。

1988年，刘元生投入360万元，买入360万股万科股份，后一直坚定持有并不断增持，连续持股近30年，赚了超过1000倍收益，市值超过40亿元，成为人们津津乐道的"扫地神僧"。期间2007年股市触顶后，股价一度下跌近80%，但刘元生并未动摇。直到2015年后才逐步减仓退出。

2001年，龚虹嘉以245万元的投资成了海康威视的大股东、联合创始人，到2021年，粗略估算下来，回报已超2.8万倍。

再看看巴菲特一生的财富增长，长期持续的复利带来了超额的增长回报。（图2-5）

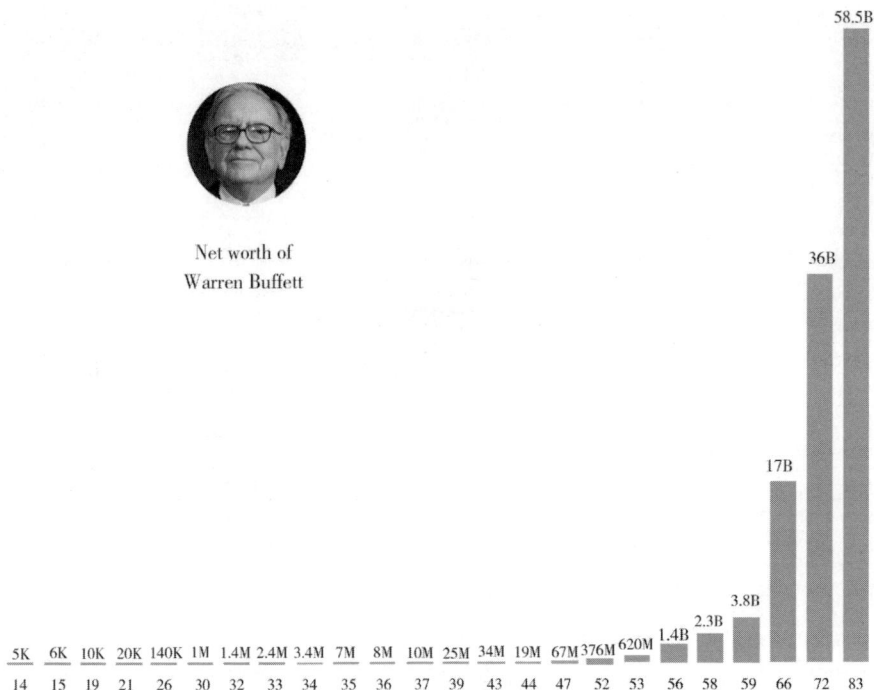

Net worth of
Warren Buffett

																			1.4B	2.3B	3.8B	17B	36B	58.5B
5K	6K	10K	20K	140K	1M	1.4M	2.4M	3.4M	7M	8M	10M	25M	34M	19M	67M	376M	620M						
14	15	19	21	26	30	32	33	34	35	36	37	39	43	44	47	52	53	56	58	59	66	72	83

图 2-5 巴菲特财富增长曲线

资料来源：雪球 https://xueqiu.com/5859104189/201043774。

巴菲特的财富90%以上是在他60岁之后获得的，60岁之前的增长非常平缓，这就是复利的魔方。所以，巴菲特有句话说得非常妙，他说，"时间的妙处在于它的长度"。

◇ 以年为单位瞄准收益的人，相信的是天赋和能力。

◇ 以 3~5 年为周期规划财务的人，相信的是胆识和眼光。

◇ 以 10 年为单位思考财富的人，相信的是常识和复利。

◇ 以更长周期看待财富的人，相信的是时代和国运。

上文已经提到，10 倍股集中诞生于大消费、大医药和大科技这三大核心领域，下面就这三大领域结合具体案例做具体分析。

（四）"长跑冠军"的诞生地：大消费领域

从长周期看，大消费领域可以穿越经济周期，实现长久可持续增长；从股价上看，大消费领域很容易诞生 10 倍牛股，长期表现显著优于市场的平均水平，股价实现长期可持续上涨，被称为"长跑冠军"。

根据 wind 提供的数据，上市至今涨幅前十的牛股中，有 6 只是消费板块，超过半数的占比。其中，泸州老窖涨了 284 倍，伊利股份涨了 256 倍，贵州茅台涨了 225 倍，格力电器涨了 184 倍。这些牛股覆盖了家用电器与食品饮料行业，还有很多投资者通过长期投资茅台实现了财务自由。（表 2-4）

表 2-4 上市以来涨跌幅前十大牛股

序号	证券简称	上市日期	所属行业板块	上市以来涨跌幅（%）
1	泸州老窖	1994-05-09	食品饮料	28413.80
2	万科 A	1991-01-29	房地产	27597.45
3	伊利股份	1996-03-12	食品饮料	25670.62
4	贵州茅台	2001-08-27	食品饮料	22524.79
5	格力电器	1996-11-18	家用电器	18280.51

续表

序号	证券简称	上市日期	所属行业板块	上市以来涨跌幅（%）
6	云南白药	1993-12-15	医药生物	12672.38
7	恒瑞医药	2000-10-18	医药生物	12672.38
8	华域汽车	1996-08-26	汽车	11885.71
9	方正科技	1990-12-19	电子	11767.09
10	恒生电子	2003-12-16	计算机	7528.73

数据来源：Wind，截至 2019 年 9 月。

1. 行业垄断格局显现

消费品龙头企业具有的"护城河"会更深、更宽，可以更好地抵御新入局者的威胁，竞争优势持续的时间会更长。在一个新型消费子行业诞生的时候，往往会有大量的企业和资本集聚其中。当行业混战到了一定程度，一些企业经过资金投入和长期的经营形成了很好的规模优势和行业壁垒，取得了行业的垄断地位，在行业成长、成熟期都可以达成高于行业的平均增速。

很多的消费品都在强化文化"护城河"的打造，不仅是产品本身，还有产品所延伸出的文化，如百事可乐，其实喝的不仅仅是可乐，还受到公司年轻式文化的重染。

具备规模与"护城河"优势之后，行业龙头就具有了强势地位和定价权，顺理成章可以占有更优质的产业资源，再加上规模效应明显，通过规模降低了费用的投放率，实现了盈利能力的可持续增长，企业的内在价值进一步增强，竞争优势持续时间久，强者恒强，从而使股价持续上涨。

消费品行业在成长期，绝大多数企业可以从高增长中享受到高红利。成熟期来临之后，企业增长逐步放缓，此时竞争格局就演变为最重要的投资参考因素。行业下行时，龙头企业因为规模效应、品牌溢价、资金优势等，更能推动集中度的提升。因此，消费品行业不管处在什么周期，不断提升的盈利能力和垄断格局的形成是它的长期趋势。

好的竞争格局意味着少的竞争对手和少的替代品出现，企业拥有足够宽的"护城河"，在行业竞争中形成垄断，垄断产生暴利，在规模效应和产品研发上会更有优势。同时，文化垄断和品牌垄断会演变成消费龙头的重要助力因素，也是最能占据消费者心理的因素。

近几年，我们能够明显地看到，随着人均消费水平的提高，消费品行业中消费升级的现象非常明显，消费者对品质和个性化的消费需求强烈。对于消费行业的龙头企业来说，它们具备比同行业更强的能力来快速调整产品结构，迎合新消费需求，借助品牌优势、规模效应、行业垄断等，更容易起到引领新一轮消费的风口。而且，在这个过程中，龙头企业拥有定价权，利润也能够持续不断地提升，且利润长期优于收入增长，从而也推动了股价的长期稳定提升。

2. 受技术冲击因素较小

消费品行业技术更新比较慢，受外来技术冲击小，比较稳定，不像电子类产品，更新升级换代快，新产品、新技术不断迭代更新。但消费行业，像可口可乐，一百多年过去了，核心配方没有变，口味也没变，产品核心没变，变化的是它的包装，尽管新产品层出不穷，但是经典产品永远就是经典。它的集中度可维持长期上升趋势，保持寡头垄断或垄断竞争的格局。

3. 周期性弱

消费行业受周期影响波动小，已经融入大多数人的生活中，就像牛奶，人们每天喝成了习惯。消费品也是刚需品，随着人均消费水平和收入的提升，人们对产品消费升级的需求进一步加强，不仅对产品质量要求更高，对横向消费品类要求也不断扩展。

中国的人均 GDP 逐年上升，这为居民收入增长、消费升级和新兴消费的爆发式增长奠定了基础，儿童需求消费、养老需求消费、医疗消费、电子消费等新兴消费需求异军突起。每个时代都有相应的消费特征，但不变的是整个消费领域孕育出了一个又一个超级成长股。

消费行业不管是在经济底部、回升阶段、经济顶部都表现良好，年化超额收益达到 10%以上，具体如图 2-6、图 2-7 所示。

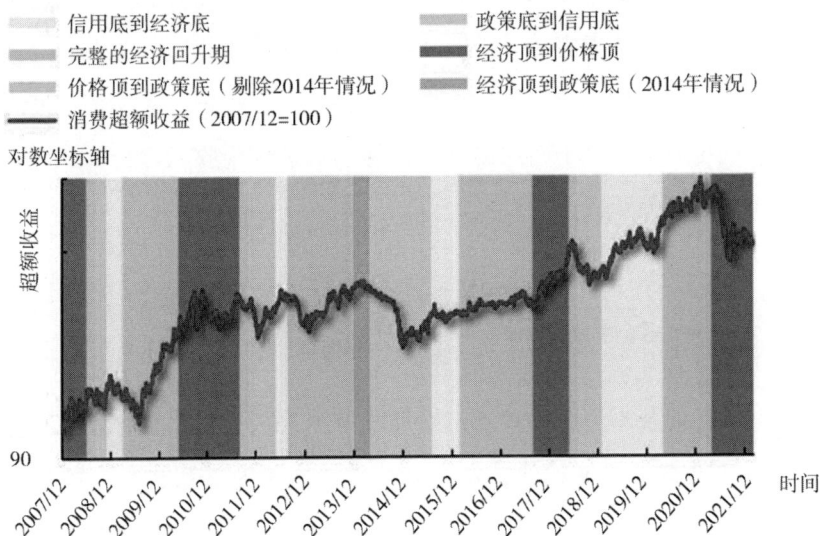

图 2-6　2007 年以来消费板块的超额收益持续走高

数据来源：未来智库。

由此看来，消费板块的 ROE 非常稳定，2012 年以来保持在 10%左右。消费行业在经济周期各阶段表现的年化收益率和胜率都非常强势。同时，消费行业的超额收益也跨越了多轮周期，保持了持续走高的态势。

消费板块

■ 区间超额收益（年化）　■ 月度超额收益（年化）　◆ 胜率

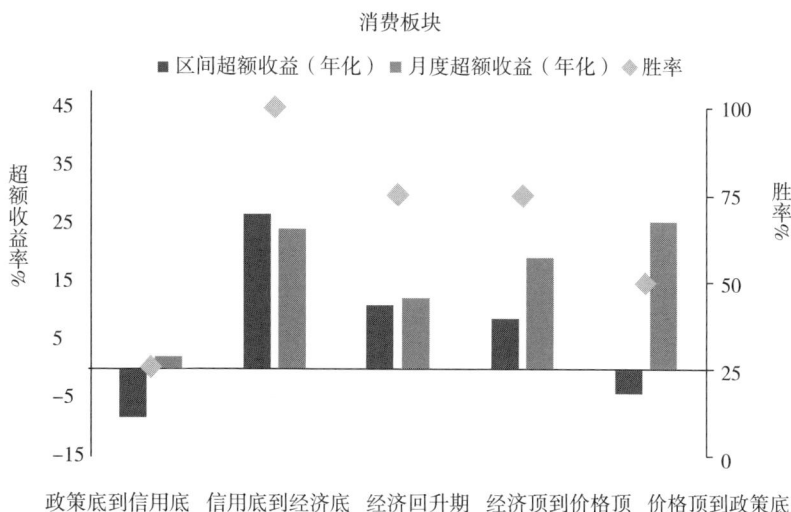

图2-7　消费板块在经济周期各阶段中的年化收益率、胜率

数据来源：未来智库。

4. 大消费行业案例分析：伊利股份

（1）行业垄断

从企业规模来看，伊利股份是我国规模最大、产品线最全的乳制品企业，已经连续六年蝉联亚洲乳业第一，总资产和营收规模都排在第一名，在同行业中毛利率和净利率排名前三，具备优良的规模效率优势、品牌优势、专利优势、销售渠道优势，形成了高的"护城河"。与蒙牛（港股）称霸乳制品市场，形成双寡头垄断格局。（图2-8）

（2）财务指标夯实有利

伊利股份的发展历程是中国乳业从小到大、从弱到强的缩影，而乳业过去10年是个好赛道。伊利股份实现了长期营收300倍增长（图2-9）、利润100倍增长（图2-10）、市值140倍增长（图2-11）、投资者长期回报320倍增长（图2-12）。1996—2021年，300倍级别的回报率，是超级大牛股的典范。高倍数的营收增长和利润增长，是成为大牛股的关键，这也是

股票收益率的本质，还有这么多年长期保持着高稳定的 ROE（图 2-13）。

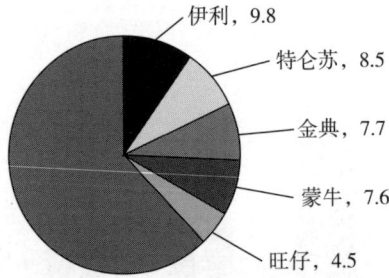

图 2-8　2020 年我国饮用奶市场竞争格局（单位：%）

资料来源：Euromonitor 前瞻产业研究院整理。

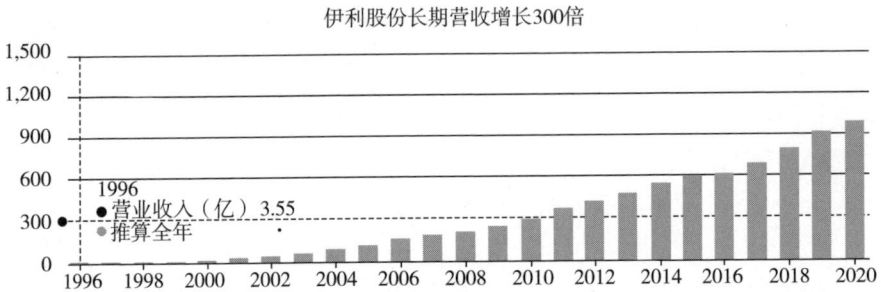

图 2-9　伊利股份长期营收增长 300 倍

数据来源：雪球 https：//xueqiu. com/1211566210/202483508。

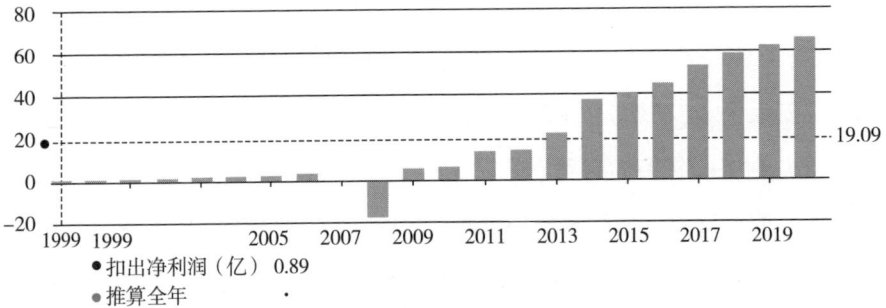

图 2-10　伊利股份长期利润增长 100 倍

数据来源：雪球 https：//xueqiu. com/1211566210/202483508。

伊利股份（600887）历史市值

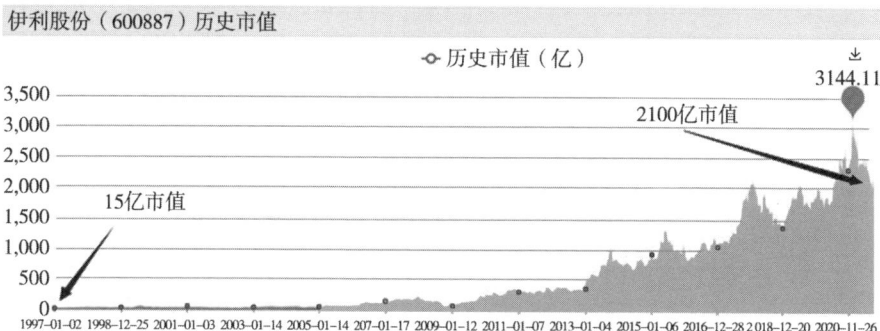

历史市值（亿）

3144.11

2100亿市值

15亿市值

图 2-11　伊利股份市值增长 140 倍

数据来源：雪球 https：//xueqiu.com/1211566210/202483508。

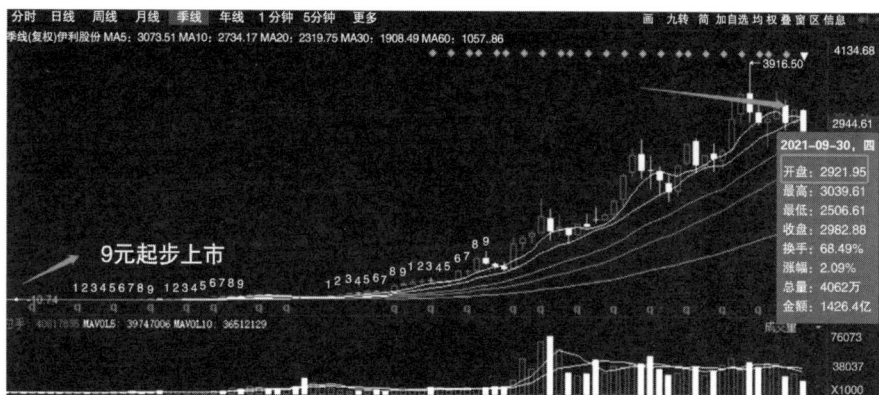

9元起步上市

图 2-12　伊利股份投资者长期回报 320 倍

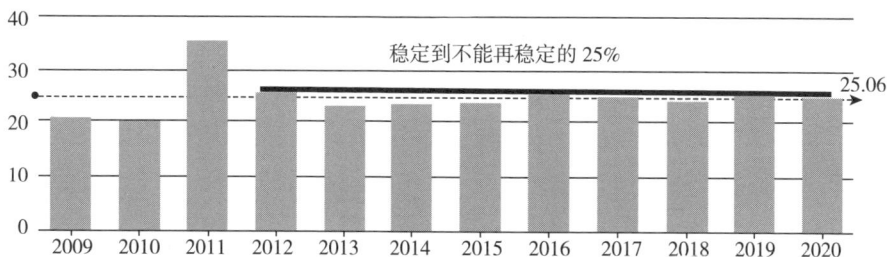

稳定到不能再稳定的 25%

25.06

图 2-13　伊利股份长期稳定的高 ROE（2009—2020 年）

数据来源：雪球 https：//xueqiu.com/1211566210/202483508。

乳品是大众消费品，具有规模优势，受经济周期影响小。伊利股份作为行业的龙头企业，其产品的结构升级换代持续不停，人们消费的升级，使高端产品的占比也越来越高。

随着伊利股份和蒙牛双寡头垄断的形成，它们的规模优势进一步凸显，产业成本降低，行业壁垒增高，实现盈利持续提升和垄断格局形成就演变成了长期趋势，也就推动了股价持续稳定上涨。

（五）常青树孕育地：大医药行业

不管是逐步突起的中国 A 股还是美国的成熟资本市场，大医药行业长时期的表现都要明显、稳定地高于市场的指数，行业内牛股辈出，诞生了很多 10 倍大牛股。

业绩长期保持稳定的增长是医药股走牛的直接驱动力，医药行业前景广阔，且专注于研发创新。它也是 A 股过去 10 年最多的 10 倍大牛股的诞生地。（图 2-14）从中长期看，医药行业能够经受考验、穿越"牛熊"，超越市场平均表现，而且有着长期的竞争力和"护城河"，强者恒强。

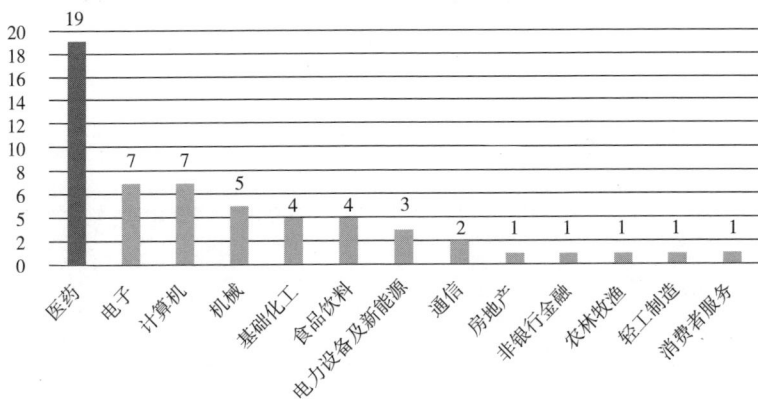

图 2-14　各行业 10 年 10 倍股数量分布

数据来源：Wind，2010/10/30—2020/10/30。

1. 业绩和创新能力是医药股走牛的核心

医药公司业绩长期保持稳定的增长，医药行业的平均毛利也是最高的，高毛利是长牛的基石。与营收相比较而言，利润的增速对医药的股价影响更大。企业在长期发展中不断沉淀下来，不断积累临床经验，循序渐进，细分的龙头企业可以厚积薄发，具备先发优势。（图 2-15）

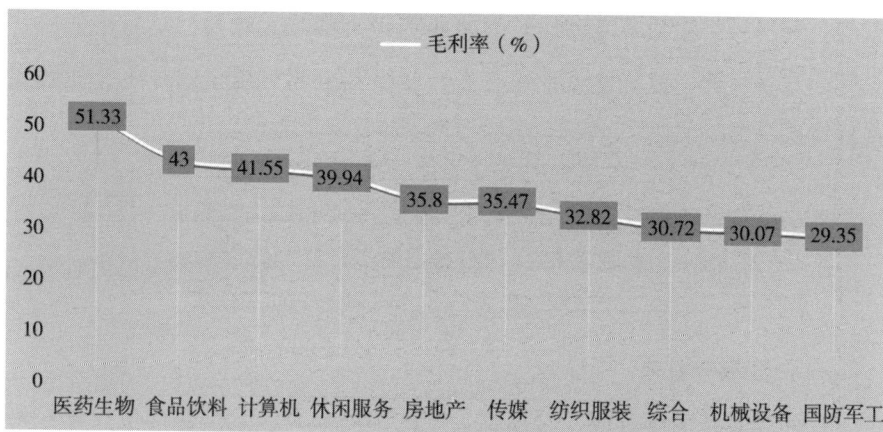

图 2-15 A 股各板块平均毛利率水平 TOP 10（毛利率%）

医药公司拥有三大核心竞争力：高研发投入、强强联合和拳头产品。在细分龙头上，医药公司分为三种类型企业：强仿制能力公司、强研发创新公司、市场占有率高的医疗器械公司。同时，庞大的医疗费用支出和完善的专利保护制度，是医药企业核心竞争力的根基。

因此，医药企业针对单一科室的销售与研发迭代、对临床医生的心理占领将成为核心竞争力。专注更前沿的研发、更好的产品、更匹配的商业模式，所有的专注成就了医药大牛股的诞生。

2. 实现长牛股风格

医药工业有着特殊的研发模式：一个新药，需要 10 年到 15 年的时间，有的耗资高达 15 亿~20 亿美元，研发周期久，核心技术和专利保护成为壁垒，以阻碍新进入者，且临床疗效优异的新药推向市场后会迅速获得临床医生的使用以及医保支付的帮助，使药物有类消费品的稳定品牌属性。

所以，这也会让医药公司在相对较长的时间内实现稳步上涨的走势，享受长期投入、积累及专利保护下原研药带来的巨大收益，具有很强的延续性。这些优势一旦确立就很难改变，使医药公司可以走出长牛，能够实现持续的"基业长青"。

3. 大医药行业案例分析：片仔癀

（1）高竞争壁垒

片仔癀具备品牌效应，它独家生产的中药品种，是国药瑰宝。片仔癀有极强的竞争壁垒，属于寡头垄断。它还形成了"一核两翼"战略：努力构建以传统中药生产为龙头，以保健品、保健食品、功能饮料和特色功效化妆品、日化产品为两翼，兼具医药和消费的双重属性。

片仔癀配方是我国仅有的两个国家级绝密配方之一，受永久保密。同时片仔癀的制造工艺也是国家保密级，使得竞争对手无法模仿。而且，原材料天然麝香稀缺，产量十分有限，需要国家统一审批和分配。这些因素使得片仔癀具备极强的"护城河"。

（2）主营产品量价齐升

片仔癀主营产品量价齐升，增幅明显，一方面显示出片仔癀的产品具备定价能力，10 年来，片仔癀涨价 10 次，价格翻了 3 倍，销量提高了 2 倍。另外，量价齐升，还会形成寡头垄断，预期今后需求还会提升，继续

涨价也是必然趋势。（图 2-16）

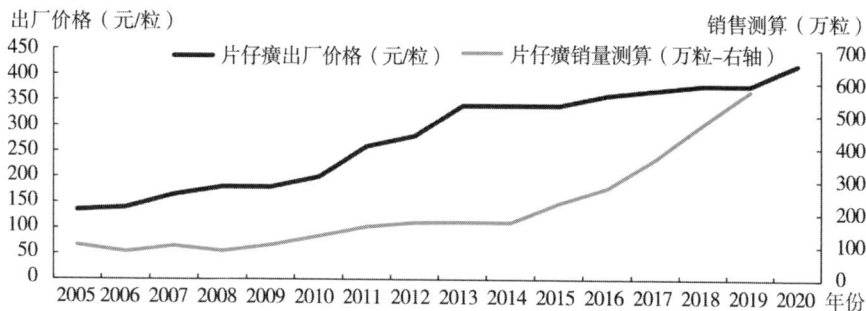

图 2-16　片仔癀出厂价格与销量测算

资料来源：Wind。

另一方面，销售量的持续增长说明其真实市场需求在不断扩大。主营产品的量价齐升也是 10 倍股的标配，如贵州茅台就是典型例子。

目前，片仔癀在消费升级、政策鼓励中医药龙头的背景下，公司通过"二次开发"深挖产品价值，通过营销改革提振品牌、开拓体验馆等新渠道，使"国宝秘药"为更多人所知、所用。所以，日化板块也保持较快增长，商业流通与公司业务互为补充，支持公司可持续发展。

（3）夯实业绩，长牛的基石

从 2012 年至 2020 年，片仔癀的营业收入从 11.7 亿元增长到 2020 年的 65 亿元，营收额增长了 5.6 倍，年复合增长率达到了 55.6%（图 2-17）；净利润从 2012 年的 3.2 亿元增长到 2020 年的 15.9 亿元，净利润增长了 5 倍，年复合增长率 32.6%（图 2-18）。同时，投资者长期回报超 20 倍（图 2-19）。

营业总收入（万元）

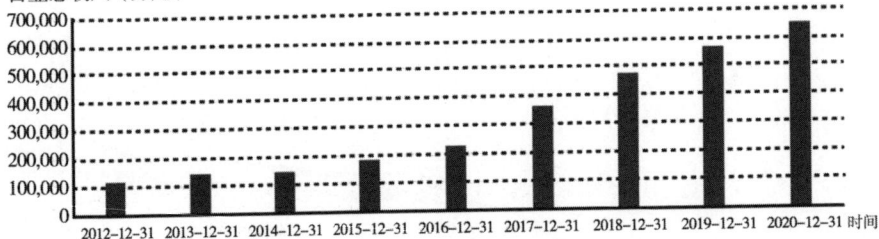

图 2-17　片仔癀营业总收入（2012—2020 年）

资料来源：片仔癀公司财报。

扣非净利润（万元）

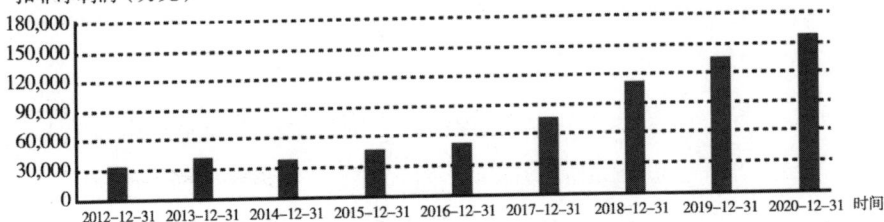

图 2-18　片仔癀净利润（2012—2020 年）

资料来源：片仔癀公司财报。

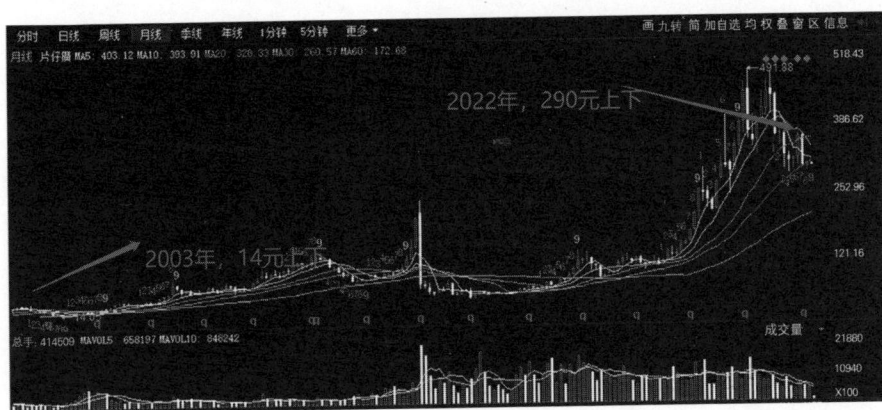

图 2-19　投资者长期回报 20 倍

　　片仔癀业绩还有很大提升空间，其高业绩增速还会持续，近三年公司加权 ROE 在 21%～25%，盈利能力非常强劲。目前公司资产负债率仅为

18%，杠杆水平很低。

高营收、高利润增长，投资者回报长期稳定，奠定了牛股的基石。

重复性消费、稀缺性、广阔市场、产品信仰是片仔癀拥有极深"护城河"的四大护法，再加上管理层的自我革新，锐意进取，片仔癀公司连续6年蝉联中国肝胆用药第一品牌，号称"药中茅台"。

（六）暴富的神话：大科技行业

对科技产业来说，高技术产业在2019年后逐步成为中国经济增长和产业景气的重要来源，高技术产业的工业增加值增速在2018年后持续高于整体，2019年后高技术制造业的采购经理指数（PMI）也相较于整体景气更为高涨。科技板块主要受益多行业景气上行共振，同时渗透率的爆发也是科技大牛股的基因，还有产品从导入期发展到成长期的普及。

从科技板块10倍股的行业分布来看，以电子与新能源板块为主，2019年后多领域的景气相继大幅上行。"卡脖子"的关键核心技术的解决提升到了国家战略发展的高度、万物互联的大力推进、智能制造的加速渗透等，都将会诞生10倍股。

同时，科创板股票自2019年7月上市之后，优质的高景气科技成长资产供给更为充裕，这也为大量增量资金配置科技板块提供了匹配的类型资产。

从估值上看，科技10倍股的估值水平更高，日期更长，风险偏好提升、风险偏好下行期间其估值修复弹性较大，叠加盈利的同步改善形成"戴维斯双击"，推动股价大幅快速上涨。

大科技行业案例分析：宁德时代公司
宁德时代公司是全球领先的动力电池和储能电池企业，2017—2021年

其动力电池使用量连续 5 年全球排名第一，2021 年动力电池使用量市场占有率高达 32.6%。（图 2-20）

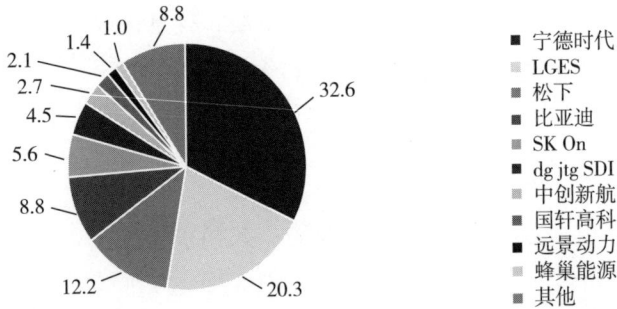

图 2-20　2021 年全球动力电池 TOP10 企业市场份额（单位:%）

资料来源：SNE Research，维科网锂电，天风证券研究所。

宁德时代公司营业收入、净利润逐年增长，该公司经营活动现金流入较营业收入更高，供应链占款为负，说明该公司的电池产品在新能源产业链上举足轻重。宁德时代公司的核心竞争力集中于研发实力雄厚、先进的极限制造体系、供应链的布局和客户生态，通过提升生产技术，提高产品质量的同时实现成本下降，成为市场性价比最高的选择。

宁德时代公司是全球电池出货量第一的公司，形成了显著的产业规模优势和成本优势，该公司的成本优势不仅来自提前锁定原材料，更多来自它的供应链管理能力和规模化生产优势，成本优势做到了全行业领先。

近 5 年来，宁德时代公司总资产增幅近 10 倍；主营收入翻了 7.8 倍，年化复合增长率 54.35%；净利润翻了 4.6 倍，年化复合增长率 41.07%；每股收益翻了 2.7 倍，年化复合增长率 29.76%。宁德时代公司的例子充分说明夯实的业绩基础是诞生大牛股的核心基因。（图 2-21、图 2-22）

总资产（万元）

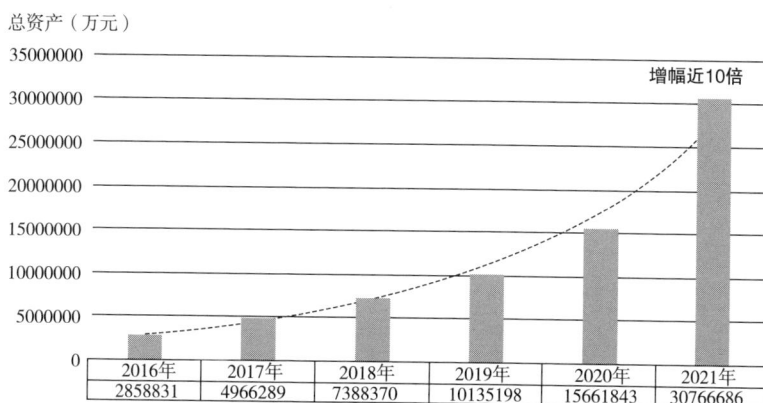

2016年	2017年	2018年	2019年	2020年	2021年
2858831	4966289	7388370	10135198	15661843	30766686

图 2-21 宁德时代公司总资产（2016—2021 年）

数据来源：宁德时代公司财报。

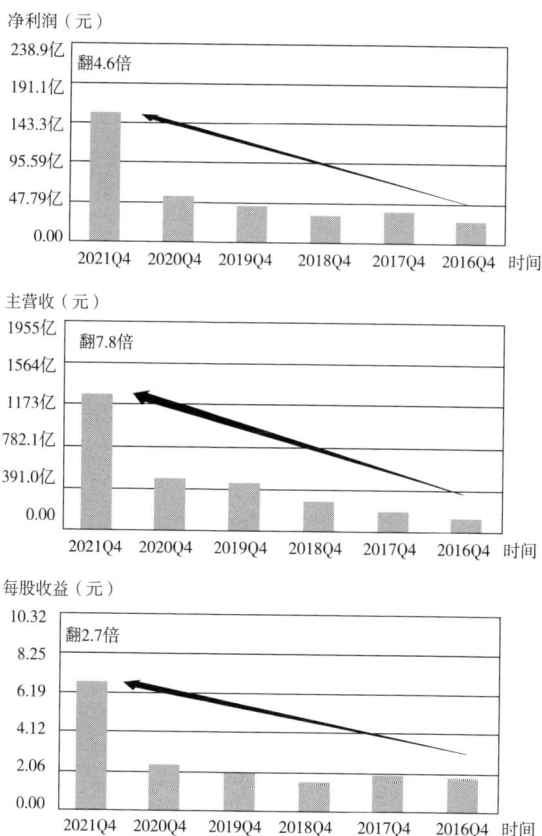

图 2-22 宁德时代公司净利润、主营收入、每股收益（2016—2021 年）

数据来源：宁德时代公司财报。

同时，在图 2-23 数据中可以看到：宁德时代公司的现金流优势明显，现金流质量以及营运能力明显优于国内同行公司。2020 年宁德时代公司经营活动产生的现金流量净额为 184.30 亿元，收现比、净现比一直呈增长态势，现金流质量持续改善，远远优秀于同行。该公司盈利能力方面也远远碾压同行企业。

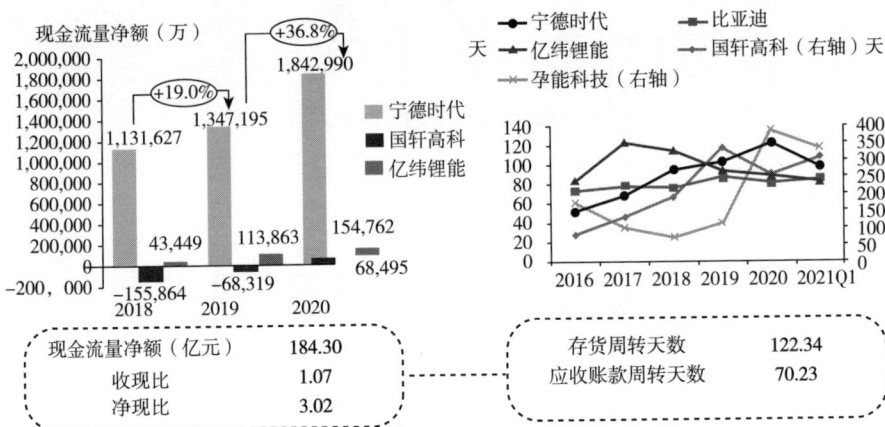

图 2-23 宁德时代公司营运能力

数据来源：各公司年报、世纪证券研究所。

宁德时代公司经营现金流充沛的原因有三：一是经营稳健，企业倾向保留大量现金且先使用低成本的资金；二是新能源车市场高速发展，带来充足的现金流；三是市场地位决定了其对上下游的议价权比较强。

存货变现速度也远远高于同行，存货占用资金时间短，坏账损失少、资产流动快，流动比率和速冻比例都远高于同行，短期偿债能力非常强。（图 2-24、图 2-25）

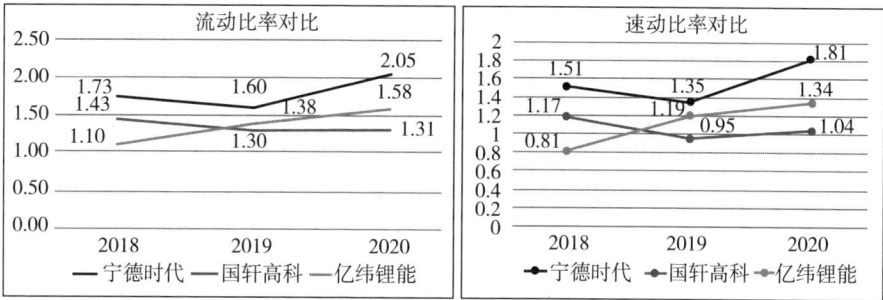

图 2-24　2018—2020 年宁德时代、国轩高科、亿纬锂能流动比率、速动比率分析

数据来源：Wind。

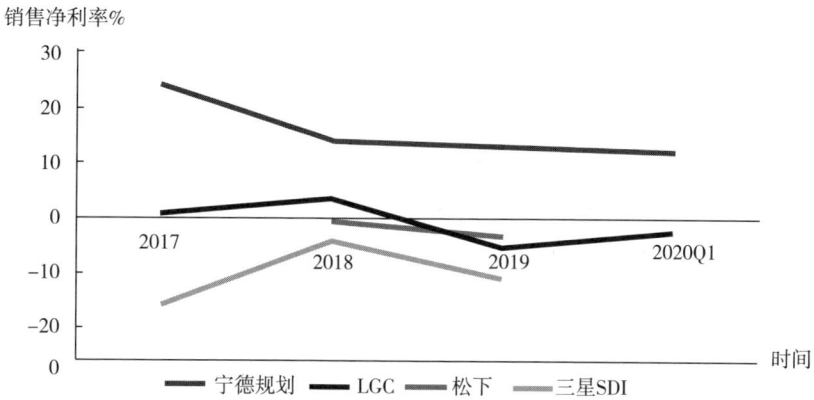

图 2-25　宁德时代公司锂电池业务盈利能力处于行业高水平

注：LGC 锂电池业务包括消费类电池、动力电池和储能电池；松下为汽车业务，包括锂电池。

资料来源：公司公告，公司审计报告，新时代证券研究所。

宁德时代公司处于大科技领域内的高成长赛道，属于优质的高景气度领域，"护城河"深厚，是全球动力电池系统龙头企业，拥有较高的技术壁垒，核心财务指标高速增长。宁德时代公司表现出的强大竞争力和优秀盈利能力使它成为大科技领域内 10 倍股的典型代表。

五、成长股投资陷阱

> 世界经济史就是基于一部谎言和假象的连续剧。想要获得财富，就要认清假象，然后投入其中，在公众认识假象之前退出游戏。
>
> ——索罗斯

成功的成长投资需要具备预测新技术走向的能力，具有判断企业成败的眼光，预知行业未来格局的远见。如果没有扎实的专业性和丰富的研究行业经验支持，成长投资很容易陷入各种成长陷阱中。

下面来看看几种最常见的成长投资陷阱。

（一）估值过高

成长股投资中最容易遇到的问题就是估值高，它背后所代表的就是高预期。预期高是人的本性，但是期望越高，失望就会越大。成长股估值长期性偏高，可能主要由两个因素导致：一是成长股的想象空间大，市场也无法准确估计成长股的空间到底有多少，因此在乐观情绪的推动下，经常会给出过高的估值；二是成长股的故事往往比其他股更加激动人心，更容易引来市场的关注和大资金的注入，从而给出更高的估值。

高估值股票业绩不达预期的比例要远高于低估值股票。股价的上涨都是由市场热情和"一致性高预期"推起来的估值提升。一旦市场热度减弱，企业成长减慢或者停止，便会面临股价大幅度下跌的问题，一旦预期不能实现，估值和盈利预期的"戴维斯双杀"会十分惨烈，一旦杀跌下去，之前的最高价很可能就成了永久性的最高价，一去不复返了。在高速增长的预期之下，我们经常会看到一些成长股泡沫，在这些泡沫中，超高的估值给投资者带来了巨大的伤害。

比如，在 2015 年的创业板泡沫中，创业板指数的市盈率（PE）估值最高曾达到 137 倍。创业板指在 2015 年 6 月 5 日达到最高点 4037 点以后，在 6 年半后的 2022 年 1 月 6 日仍然只有 3127 点，在泡沫中追逐成长股的投资者付出了巨大的代价。

高估值最大的风险来源于投资者在面对不确定性环境时所展现出来的脆弱性，尤其是在未来环境还是高度不对称的情况下。比如，在宽松的利率环境下，投资者可以非常好地接纳基本面和估值，但是如果环境发生了变化，它就会变得非常脆弱。相反，如果一切都符合预期，那就是非常理想的结果了。

（二）技术路径踏空

成长股一般处于新兴行业，这是超级成长股的集中爆发地。这些行业常有不同的技术路径之争。新兴行业以重大发展和技术突破为基础，对经济长远发展和社会全局具有很大的引领作用，是成长的潜力大、物质消耗少、知识技术密集性高、综合效益良好的产业。

新兴行业有一些共性特征，就是技术的不确定性。技术进步和突破是新兴行业的核心竞争力，决定企业的生死。公司的更新换代快，通过一时的技术优势或者高壁垒，很难持续，必须不断地创新突破，与时俱进，不停地进行技术的迭代升级，满足消费者不断变化的需求，这样才能保持持续的行业地位。

新兴行业在不同程度上面临行业发展的障碍，存在诸多不确定性。比如专有技术的选择、获取与应用比较困难等。新兴产业的技术种类比较多样，哪一种会变成日后主流技术，前景是不确定的，而且技术具有独创性的特点。同时，技术上的创造性以及前瞻性的决策、承担风险的胆略与能力也是新兴产业发展的一大障碍。所以，很多问题都会导致新兴产业技术与战略发展存在不确定性。

所以很多时候我们看到新兴行业的垄断只是暂时的，这个行业变化特别快，竞争激烈，后来者如果有更新的技术，更具突破性的创造，企业就会被超越或淘汰。这种技术之争往往非常残酷，你死我活、赢家通吃，企业一旦落败，就很难起来。

在行业发展周期中，一般在行业发展概念期和复苏期是资本市场关注度最高、预期最乐观的时期，像医疗器械概念期收益是全部 A 股的 9 倍，线缆复苏期投资收益是全部 A 股的 4 倍。

（三）企业利润不持续

企业预期会成长但最终不能达到预期的情况，有些行业在成长初期需要大量的资本投入，通过用户补贴、技术补贴等烧钱的方式来培育市场，企业发展前期靠烧钱实现赢家通吃。

企业如果通过这样的方式提高了用户黏度或者竞争者壁垒，也无可厚非。但是如果市场壁垒低，那么企业依靠烧钱而获得的无利润增长是不可持续的。如果后续没有资金继续跟投，企业就会陷入成长陷阱中。

有些壁垒低的产业链中的中小企业，通过给大企业做产业链的配套谋求发展，实现短期的成长，像手机产业链、汽车产业链中的部分零部件。如果这类企业在逐步发展过程中建立起了自己的竞争优势和垄断地位，那么这样的成长就具备了成长的基石。企业如果没有核心竞争力，一旦下游合作方解除合作，就会陷入非常尴尬的困境。

还有些行业市场空间很大，盈利能力也比较强，但是进入的壁垒低，企业面临的竞争就加大了，非常容易被竞争对手颠覆。投资者如果以很高的估值和价格买入此类企业，最终会导致损失惨重。

对于短期或者非持续性实现利润增长的成长企业，投资者要做好利润增长背后"陷阱"的鉴别。

偶发性暴涨：有的企业因为某些特殊的情况，出现偶发性的暴涨，不具有持续性。

主业不景气被隐藏：净利润增长超过主营收入增长，但公司主营收入萎靡不振，公司缺乏内生动能，靠政府补贴、投资收益等获得净利润增长，净利润的增长掩盖了主业的不景气。

净利润"虚"增：评估一家企业的增长不能简单地以营收、净利润的增幅来衡量，还要结合其他核心指标，如 ROE。如果企业的 ROE 在下降趋势而企业的利润增长又很高，这种利润的增长是"虚"增长，这是靠不断增加资本金等方式实现的，而不是依赖净利润的支撑。

对比基数藏"猫腻"：看企业数据不仅要看当期数据，而且要把同比的增幅数据和环比的增幅数据作为重点考量，如企业的本期利润很高，但是上期利润为负数，这就导致了它的本期利润增长率非常高，所以要进行纵向和横向的对比分析判断。

如果一家企业持续 3~5 年可以保持净利润的持续增长，那它的增长能力是非常稳定的，增长趋势是越来越好的，同时，投资者要结合利润增长和主营收入增长是否匹配，并综合其他数据进行分析判断。

（四）盲目多元化扩张

无论是内生性的成长还是外延式的扩张，很多企业的成长都需要前期大量的资本投入，长期的入不敷出会导致企业现金流紧张，一旦发生极端情况，容易导致企业资金链断裂，甚至是破产。

多元化经营对很多企业来说都是陷阱。许多企业希望通过多元化经营来降低风险、提升价值，甚至在产能过剩、竞争白热化的时候，把多元化、开拓新业务作为企业发展思路。但是现实情况是，企业多元化程度与资本投资收益率是呈负相关关系（图2-26），因为多元化导致企业负债累累，甚至破产清算的例子也是很多。

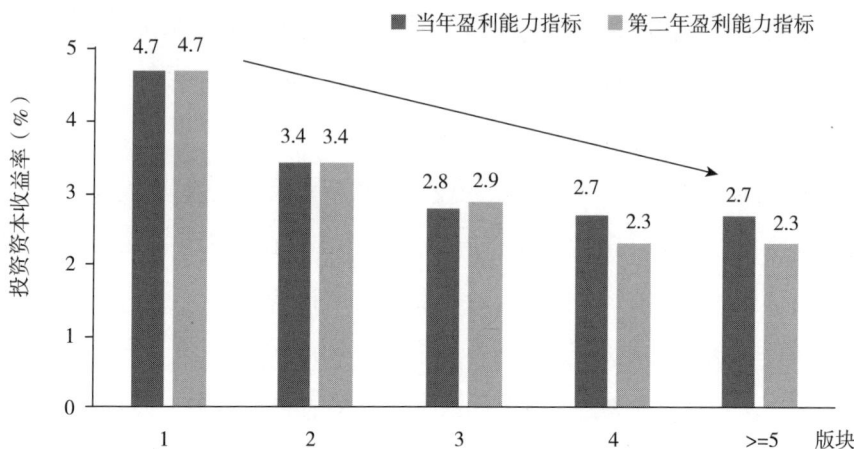

图2-26　A股上市公司业务板块数与投资资本收益率负相关

注：纵坐标为投资资本收益率，横坐标为企业业务板块数。

数据来源：上市公司公开数据，Wind、远洋资本。

企业实施多元化战略，会分散企业自身的经营资源与原有领域的竞争力，分散企业的资源和企业经营的力量，有的时候容易做出失误决策。

比如晨鸣纸业，主营业务做得非常好，市场占有率也非常高，但公司不满足现状进行了多元化扩张，2014年开始涉足融资租赁业务，投入大量资金运作新的领域，导致公司财务状况不理想，企业负债率上升，利润滑坡，公司股价大幅下跌，2019年开始不得不剥离此业务板块。

企业的合理扩张既要有理性的定位和长远的规划，又要有稳健的主业运营作为基础。否则，精心打造的企业品牌价值最终也只能沦为泡影。从某种角度看，企业主动做减法，不失为一种明智选择，卸下包袱、轻装前进，是及时止损之策；聚焦主责主业，深挖擅长领域和细分市场，更是一种战略布局。

（五）财务造假

企业为了给投资者一个好看的财务数据，不少成长型企业就从财务数据上下功夫。上市公司用很多手法制作财务数据，自爆或被曝财务造假的也屡见不鲜。

失实的财务数据不能准确、完整地反映出企业的经营情况，带来的负面影响也不容小觑：既会误导和干扰投资者的决策，又无法满足企业管理者的需求，还妨碍中介的良好发展和对上市公司的经营造成不好影响，同时扰乱经济秩序和投资者的合法权益。

投资者在进行投资决策时，财务数据是至关重要的决策依据，依靠财务情况可以知道企业的经营状况，虚假的财务数据会让管理者的决策出现错误。企业通过财务造假，伪造良好的财务数据，给投资者高预期想象，吸引更多资金投资，市场给予企业更高的预期和估值空间，但当信息败露之后，所有的繁荣都烟消云散，企业一地鸡毛，狼狈不堪。

比如，康美药业的财务造假事件，它是财务造假中比较典型的一个案例，也是我国第一个证券集体诉讼案。康美药业是我国供销一体化的大型医药民营企业之一。2018 年，财务造假发生前，它是医药行业的龙头之一，最顶峰时市值超过了白云山、复星医药，仅次于恒瑞医药。

伴随着多年的财务造假，其股价一直处于上涨中。很多外部人和机构持续不断地质疑其财务问题，但完全没有对它产生影响，一直到了 2019 年事情才完全暴露，财务造假的行为被公之于众。这是我国资本市场在法制化建设路上的新标杆。

（六）成长性破产

成长性破产是指某公司发展过快导致现金不能满足投资需求而引发破产，增长越快，现金流越吃紧，最后导致企业资金链发生断裂，引发企业成长性破产。

所以，我们经常会看到，企业的主营业务连续多年增长，利润表上的净利润也都是正数，因为某一突发事件或政策变化，导致经营状况急速恶化，濒临重组或破产，其背后最根本的是企业资金链断裂。

曾经的乐视集团，构架出多个生态系统，涵盖手机、体育、汽车、电视、视频网站等，但业务太分散，资金链太长，组织架构不清，盈利不能满足投资，进而公司又大量举债，当现金流不足时，破产就不远了。

一个成长中的企业，当其连续几年经营活动现金流量远远小于利润表上的利润时，有可能就是破产的信号。而企业利润亏损，只要有现金流支持，企业就可生存，一旦现金流断裂，就可能朝不保夕，即使有利润那也只是停留在报表中的利润，这种情况企业就会面临估值和业绩"双杀"的局面。

第三章

如何评估企业的价值

投资只需要做好两件事情：如何给一个企业估值，如何看待市场波动。

——巴菲特

估值是指对上市或非上市公司进行内在价值的计算和评估。通常来说，公司的内在价值来源于其业务资产构成和相应的成长获利能力。一家专业的投资机构购买一家企业的股票，或将一笔资金注入企业，最终占有的权益比例首先取决于企业的内在价值。学习企业估值方法有利于我们对企业或其业务的内在价值进行正确评价，从而为各种交易打下定价的基础。企业估值是进行投资的前提，所以至关重要。

成功的投资一定是建立在良好的投资习惯和严格遵守投资纪律的基础之上的。投资者只有科学严格甄选具有核心竞争力的投资标的，才能享受到企业长期成长带来的收益；同时，严守估值纪律，避免买入估值过高的股票，这样才能有效规避市场风险，助力投资的成功。

中国金融市场在过去的 30 多年里发生了许多巨大的变化，如果你回顾过去，仔细思考在金融投资领域中有哪些变化，又有哪些没有变化，可能最后你会发现大部分事情都有所改变。常青树类的上市企业越来越少，市场中企业的半衰期大约为 10 年，曾经风光一时的明星企业如乐视网黯然退市，可以长期投资的企业名单像走马灯一样在不停地切换。

但是有一点是亘古不变的：那就是公司未来现金流折现后的现值这个关键因素最终决定了公司的真正价值，不管是上市公司的股票、债券或者房地产投资，莫不如是。虽然价格涨跌互现，但是价值之锚，一直存在。价值中的三大重要因素（风险控制、成长性和现金流）是否健康，在股票的投资中大都由市场预期决定，相比较而言，债券投资中的合约都事先规定好了时间久期和现金流。

而一个不断经营变化的企业到底价值几何？这是一个非常专业、非常复杂的问题，需要投资者使用一些科学的估值方法进行评估。当然，所有的方法和模型都只是计算出企业价值的一个大概区间范围，想要获得一个精确的估值是不实际且充满风险的。投资永远都是艺术和科学的结合，不仅需要专业的知识，也需要情商、经验及直觉。宁可要模糊的正确，也不要精确的错误。

本章将重点介绍三种常用的企业估值方法和财务模型。

一、自由现金流折现法

> 追踪现金流是评估一家公司最可靠、最能揭露真相的方法。
>
> ——塞斯·卡拉曼

说到如何评估企业的价值，方法有很多种。其中最精确的估值方法是自由现金流折现法（DCF），该估值方法由约翰·威廉姆斯在1938年《投资价值理论》（又叫《投资估值理论》）一书中首先提出，简而言之就是指任何股票、债券或企业今天的价值，都取决于其未来所有年限现金流的折现值之和。著名价值投资大师巴菲特一直强调："上市公司的内在价值就是该企业在其未来生涯中所能产生的现金流量的折现值之和。"

初次看见这个概念时，一个比较自然的反应是：什么是折现？什么是自由现金流？先来说说折现。我们可以尝试思考这样一个问题：当前时点的一万元人民币和十年之后的一万元人民币对你而言，价值是一样的吗？单纯从数字上来看，两笔钱财的"价值"不可谓不一样，但是金融可不单单是数字游戏。如果你是一个风格稳健的人，你现在手头有一万元闲置款，你可能会去银行存个十年定期；如果你是一个投资专家，你可能会迫不及待地把这笔钱投入股市寻求更高的收益。

　　无论如何，这笔钱于十年之后的数额大概率会超过一万元，这意味着十年前投资的一万元给十年后的你带来的价值会高于一万元。既然时间轴上不同时点的相同数额的资产价值并不相同，那么我们该如何比较这些资产的价值呢？折现在这个时候就派上了用场，把未来时点的资产价值逆着时间轴方向移动到当前时点，控制住时间这个变量，那么资产价值不就容易比较了吗？那么又如何逆着时间轴方向移动呢？

　　倘若你正进行一项为期一年的无风险投资，收益率为 6%，你投资了100 元，正常情况下你会在一年后收到 106 元，这是沿着时间轴的视角。而逆向思维便是：如果说你想在一年后拿到 106 元，收益率同样是 6%，那么现在你得投资多少钱在这个项目上？答案呼之欲出——100 元，把未来时点的价值折算到现在，这就是折现，通俗地讲，就是未来时点的钱相当于现在的多少钱。那么，我们也可以理解投资一个经营稳定、现金流良好的企业股票近乎投资一个具有久期的债券。巴菲特就告诉世界："股票是一个永续的债券，它的票息为 12%。"

　　再来看看公司自由现金流。换个角度，我们也可以这样理解：上市公司的经营活动，在扣除了所有应缴税款、费用以后，公司能自由使用支配的钱。这就像你自己的存款，每月税后工资部分扣除必要生活费、房贷车贷等所有开支后，还剩余的这些钱，就是我们所说的自由现金流。

　　正常经营的公司在未来的每一年通常都会产生或多或少的自由现金流，怎样才能把这些数字像威廉姆斯和巴菲特所说的那样加在一起呢？联系折现和自由现金流这两个概念，不难看出自由现金流折现法的内涵：在评估企业价值的时候，需要把未来的自由现金流打一个折扣，折算到当前时点，而那些不确定性大的现金流折扣就大。反之折扣就小，把所有现金流折扣完之后加总，就是当前时点的企业价值。

　　然而，这个估值方法也不是尽善尽美的。当未来的自由现金流产出稳定，没有什么大的波动余地，且能够匹配上一个合理的折现率时，自由现金流折现法会是一种具备足够投资参考性的精确估值方法。但是在更多情况下，由于企业经营过程中存在的诸多不确定性以及成长率、折现率选择的极大主观性，使用自由现金流折现法实现精确估值无异于痴人说梦。

把注意力过多地放在一个精确的估值结果上并没有多大的意义，价值投资中对企业进行估值重要的不是结果，而是在估值过程中做出的种种假设是否契合企业的基本面情况。使用自由现金流折现法仅仅是为我们投资一家企业寻求一种支撑，对内在价值的粗略估计足以让我们判断安全边际是否存在，这就是该方法的价值所在。

下面具体讲讲如何运用自由现金流折现法。

$$EV = \sum_{t=1}^{n} \frac{\text{FCFF}_t}{(1+\text{WACC})^t} + \frac{TV}{(1+\text{WACC})^n}$$

（一）确定当前时点的自由现金流

虽说自由现金流折现类似于一个动态的过程，但想要实现这一个过程必须先确定时间轴上的各个静态锚点——不同时点的自由现金流。当然，未来时点的自由现金流当前是不可知的，需要以当前时点的自由现金流为基础进行预测，如何正确地计算当前公司经营时点的自由现金流，在这里我们可以参考巴菲特的做法，他在年报中提及的自由现金流就相当于股权的自由现金流部分，也被称为股东盈余，具体的内涵就是各位股东在维持公司必要的竞争力前提之下，理论上能从公司获得的最大化现金回报。例如，上市公司贵州茅台通过卖酒赢利之后，需要归还部分债务、支付员工工资、缴纳税款、购买设备、扩大厂房等，然后剩余的现金、存款才可以让公司管理层进行自由支配，或储蓄理财，或发放股利分红。

公司自由现金流计算公式如下：

公司自由现金流=公司经营净利润 –（公司的资本性支出–折旧+非现

金营运资本的变动额）－（本金支付额-新发行的债务）

其中有以下几个值得注意的关键点：

◇ 资本性支出：一般表现为购置经营用固定资产，也包括无形资产或其他类长期资产。

◇ 折旧：虽然影响利润，但是并没有现金支出，所以要加回来。

◇ 非现金营运资本的变动额：非现金营运资本各科目（包括应收账款、存货、预付费用、应付账款、预收费用）当期与上期的变动额之和。

◇ 债务往来现金流：包括本金支付额和新发行的债务。

按照上述公式，尝试计算 2020 年度茅台公司的自由现金流，结果见表 3-1。

表 3-1　2020 年茅台公司自由现金流计算　　　（单位：亿元）

扣非后净利润	470
构建资产	20
资产折旧	12
长、短期债务	0
企业应收款变动金额	0.7
存货变动金额	35.84
预付款变动金额	-6.51
应付账款变动金额	-1.72
预收款变动金额	-4.18
企业自由现金流	**426**

（二）确定自由现金流结构

自由现金流折现法需要用到未来各个时点的自由现金流，这就要求我们对这些自由现金流做出合理的预测。众多投资主体拥有不同的投资心理，这可能会形成不同的预测结果。比如，成长型投资者往往会对自身预测企业未来收益的能力很有自信，可能会对未来各个时点的自由现金流的增长率持一个比较高的期望值。

此外，作为投资客体的企业，其未来的成长受到不同变量的影响，自由现金流波动的可能性往往会比较高。比如，对大多数企业而言，产品利润的提高、产品创新、产品使用群体的迁移等变化都能让自由现金流实现增长。

但是类似的影响因素众多，影响的链条又很冗长繁杂，所以剖析"企业自由现金流增长的源泉"是比"这些源泉最终让企业自由现金流增加了多少"更加明智的选择。

综上所述，有必要在自由现金流折现法中引入一个自由现金流结构，从而简化我们评估企业价值的过程。常用的自由现金流结构为两段式增长模型，这个增长模型要估计两个增长率：一个是未来若干年内自由现金流的增长率，另一个是若干年后自由现金流的永续增长率。

例如，巴菲特以 1988 年可口可乐公司的自由现金流为起点，首先预估下一个十年可口可乐的自由现金流会保持 15% 左右的增长率。这个 15% 左右的增长率并不是拍脑瓜子决定的，而是基于 1988 年之前的七年时间里，可口可乐的自由现金流保持了 20% 左右的平均增长率。因此，结合可口可乐基本面情况，巴菲特给出了 15% 这样一个相对保守的估值。至于 10 年以后的增长率，巴菲特认为，15% 的增长率不可能一直持续下去，所以给出 5% 的永续增长率，也就是他认为可口可乐的自由现金流在十年之后会以 5% 的速度永续增长下去。

在估计完成这两个增长率之后，未来各个时点的自由现金流的预测值也就明确了。站在价值投资的视角上，我们通过预测难以预测的数字来对企业进行估值，还是应该保持一个保守的立场。世界上不存在一个完美的预测，所有的预测都会存在漏洞，偏离保守位置的预测会让投资者暴露在更大的风险之下，我们期待做到的应该是以低于根据保守预测做出的估值结果的价格投资企业。

（三）确定适合的折现率

在预测完不同时点的自由现金流之后，我们需要怎样用一个适合的比率，即所谓的"折现率"把它们折算到当前的时间点呢？许多投资者会很自然地使用 10% 作为适用于一切投资的折现率，或者直接按照十年期国债收益率进行折现，这是不准确的。

首先，我们要考虑通货膨胀的因素，现在的一万元人民币相较于十年之前的一万元人民币，其购买力肯定是下降的，那么其对我们而言的价值也是在下降的。

其次，我们要考虑机会成本，只有投资企业的收益率高于我们存银行定期或者购买国债的收益率时，企业才有让投资者放弃无风险投资机会转而投资它们的余地，放弃无风险收益便是一种机会成本。

最后，我们需要考虑风险溢价，决定风险溢价高低的因素有很多。比如，那些厌恶风险的投资者可能难以承受未来现金流的不确定性附加的后果，转而要求较高的风险溢价作为补偿。再如，不同企业、不同投资项目具备不同的财务、经营等风险，未来产生的现金流的波动性也各不相同，所适用的风险溢价自然也不同，我们投资股票承受的风险越大，期望的收入越高，要求的风险溢价也就会越高。

因此，理论上折现率的计算公式大致可以表示如下：

折现率=通货膨胀率+无风险利率+市场风险溢价×特定倍数=名义无风险利率+特定风险溢价

$$WACC = \frac{D}{D+E} \times k_d \times (1-t) + \frac{E}{D+E} \times k_e$$

D 为付息债务的市场价值，E 为股权的市场价值，k_d 为税前债务成本，k_e 为股权资本成本，t 为所得税税率。

举个简单的例子，用我国十年期国债收益率（名义值，包含通胀因素）近似替代通货膨胀率和无风险利率之和，取 3.01%；股票市场的风险溢价则用中证全指年化收益率与十年期国债收益率的差值得出，取 3.60%。公式中不易衡量的部分是特定风险溢价，因为其受到诸多主客观因素的影响，一种常见的处理方法是取特定倍数为企业 β 系数，β 系数的含义是企业相较于整个市场会在多大的程度上发生收益率波动，如茅台的企业 β 系数大约为 1.94，所以特定风险溢价大约为 1.94×3.60%＝6.98%。所以评估茅台的内在价值为：3.01%+6.98%＝9.99%，9.99%可能是一个处于合理范围内的折现率参考值。

在实际应用中，折现率一般会在 6%～13%取值。和自由现金流增长率的估计一样，投资者想要精确估计出折现率是多少，是比较复杂且充满风险的。比较简单且保守的经验是：对于具备可预测的稳定现金流和强大竞争优势的大市值公司通常可以采用一个较低的折现率；而未来现金流难以预测、业务处于周期性波动的成长型公司则通常会采用一个较高的折现率。

巴菲特的观点则更加直截了当——直接用长期国债利率估计折现率就足够了。巴菲特对于机会成本非常重视，如果一只企业股票长期没有战胜国债的希望，那么他根本就不会考虑投资这家企业。巴菲特认为无风险利率和风险溢价是在不断变化的，与其把注意力放在风险带来的波动上，不如更多地关注企业的基本面情况，选择那些在长期内具备持续竞争优势、价值成长驱动力的公司。

（四）自由现金流折现法的应用

在确定了当前时点的自由现金流、给出增长率结构和折现率的合理估计之后，就可以开始使用自由现金流折现法评估企业的价值了。下面给出一个比较简易的计算公式：

企业内在价值 = 前 N 年每年自由现金流的折现值之和 + N 年后自由现金流永续价值的折现值

以茅台公司为例，其在 2018 年的自由现金流为 336 亿元，接下来尝试评估茅台公司在 2018 年年底的价值。取 N 等于十年，假设在分析完已有的财报数据、茅台公司经营的内外环境等重要参考资料之后，我们给出了一些合理的估计值，取未来十年自由现金流的增长率为 12%，十年之后自由现金流的永续增长率为 4%，折现率为 8%，计算过程如表 3-2、表 3-3 所示。

表 3-2　企业自由现金流的折现计算表

DCF		1	2	3	4	5	6
增长率（%）	12	376.32	421.48	472.06	528.70	592.15	663.21
折现率（%）	8	348.44	361.35	374.74	388.61	403.01	417.93
自由现金流折现之和（1~6）		2294.08					

表 3-3　企业自由现金流的折现计算表

DCF		7	8	9	10	10 年以后的永续期	
增长率（%）	12	742.80	831.94	931.77	1043.58	永续增长率（%）	4
折现率（%）	8	433.42	449.48	466.12	483.39	折现率（%）	8
自由现金流折现之和（7~10）		1832.41				永续价值折现值	12567.83

　　我们如果把所有自由现金流的折现值相加，那么使用自由现金流折现法评估贵州茅台内在价值的结果大概为 2294.08 + 1832.41 + 12567.83 = 16694.32，也就是说，贵州茅台在 2018 年年底的价值在 1.67 万亿元左右，这远远超过了当时贵州茅台的市值。如果你是一名坚定的价值投资者，并且你通过自己的分析也对贵州茅台的内在价值进行了合理的估计，你很可能会考虑买入贵州茅台这样"便宜"的股票。

　　在熟悉了自由现金流折现方法之后，可能会有人认为企业估值并没有想象中的那么复杂，只需要掌握一些财报数据，预测几个关键变量，再把数据套入模型就完成了。从数学层面上来看，确实没错，但是事物都有其两面性。

　　仔细想想，这种方法只有当前时点的自由现金流是大概率确定的（甚至对于一定数量的公司而言，这个数字也是不靠谱的），其他全部是预测的变量，是我们所做出的假设。这会带来什么问题呢？会使估值结果随增长率、折现率等因素变化而变化的幅度变大，即敏感程度变高，最终导致预测变得飘忽不定，置信程度和参考价值也变低。

　　举个例子，同样是贵州茅台，如果假设前 10 年自由现金流的增长率只有 5%，其他条件不变，那么贵州茅台的内在价值估值结果会下降至 9478.41 亿元左右，降幅为 42.23% 左右；如果企业的存续期仅为十年，其他条件不变，那么贵州茅台的内在价值估值结果会下降至 2887.08 亿元左右，降幅为 82.71% 左右；如果自由现金流适用的折现率为 9%，其他条件不变，那么贵州茅台的内在价值估值结果会下降至 1.31 万亿元左右，降幅为 21.56% 左右。

可以看到，尽管只是假设增长率、折现率等因素发生一点儿小的波动，计算得到的企业估值就会产生了巨大的波动。

附加说明：这里我们假设首年自由现金流为 FC_0，折现率为 c，第一阶段增长率为 g_1，第二阶段增长率为 g_2。企业自由现金流折现值为 V。

$$V = \sum_{n=1}^{n} \frac{FC_0 \times (1+g_1)^n}{(1+c)^n} + \frac{FC_n \times (1+g_2)}{(1+c)^N \times (c-g_2)}$$

其中：

①第 n 年的自由现金流：$FC_0 \times (1+g_1)^n$。

②第 n 年的自由现金流折现到当年的值：$FC_0 \times (1+g_1)^n / (1+c)^n$。

③第 $n+1$ 年的自由现金流：$FC_N (1+g_2)$。

④第 $n+1$ 年的自由现金流折现到当年的值：$FC_n (1+g_2) / [(1+c)^n+1]$。

⑤永续期所有年份自由现金流折现到当年的值：$FC_n (1+g_2)/[(1+c)^n] / (c-g_2)$。

面对估值的不确定性，巴菲特的看法值得我们参考。他建议：

◇ 坚持能力圈原则，固守自己能够理解的行业。
◇ 坚持在买入上留有足够大的安全边际。

同时，投资者需要注意这种方法的适用范围。自由现金流折现法适用于处于成熟期的价值股，并不适用于自由现金流波动大的周期股或者业务迭代更新快的企业。上面以贵州茅台为例就是考虑到该企业具备成长速度稳定、自由现金流稳定、不存在减值风险、拥有强大"护城河"等优势。

　　一般而言，企业不论是经营质量的好与坏，它们都具有一定的内在价值，经营质量较好的企业内在价值可能高一些，经营质量较差的企业内在价值可能低一些。我们倡导的价值投资就是要在股票价格低于企业真实价值的时候买入，当然能保证大幅的安全边际就更好了。真正的价值投资都会以科学的估值方法为交易基础，在买入、持有、卖出环节都一直坚定相信股票价格最终会反映企业内在价值。没有使用估值的其他投资方法和估值模型都不算是真正的价值投资，即使是市场上那些短期涨了数倍的股票。

　　财务的基础理论指导我们，企业的内在价值估算就是其未来的净现金流折现，这是价值投资的牛顿定律。通过分析可以清楚地看到：公司未来的资本回报率、公司未来成长发展的预期以及公司可能的经营风险，这三个关键因素对公司估值至关重要，不可或缺。

　　基于以上的因素提炼，一个成功的投资就是要寻找：①具有高成长未来预期的快公司；②经营时间长、风险较小的稳公司；③净资本回报率较高的好公司，并且能在价格大幅低于价值时买入，并能长期持有。

　　总而言之，自由现金流折现法的闪光点更多集中在我们的思维方式上面。

　　首先，无成长不投资，成长是企业重要的价值构成部分，不可或缺。

　　其次，公司可以长期稳定盈利，最好具有垄断、赚钱机器的效应。

　　最后，公司经营中的各类风险，如竞争力下降、财务、税务等也要密切跟踪重视。

　　投资者只要走在正确的道路上，坚持分析与思考，掌握好企业的基本面知识，化繁为简，那么自由现金流折现法就会成为我们评估企业价值的一大利器。

二、P/E 市盈率模型

最成功的价值投资者必定具有强烈的企业调研与估值意识、充足的耐心、严格的自律精神、完善的敏锐度分析能力、实事求是的态度，以及长期积累的投资经验。

——格雷厄姆

市值是投资中具有参考意义的因素，可以在一定程度上代表投资者对于企业价值的认可程度。一家企业的市值规模处于哪个量级水平上可能是一个让我们感兴趣的话题，但是更有研究意义的方面在于同一行业不同企业市值规模的比较。

举个例子，作为同处于影视制作发行行业的华谊兄弟和梦工厂两家企业，两者在 2012 年的收入分别为 2.12 亿美元和 2.13 亿美元，但是前者的市值为 68 亿美元，后者的市值为 25 亿美元。虽然两家企业的收入处于一个水平线上，但市值规模却拉开了较大的差距。这样比较的意义在于：带来相同收益的两家企业，市场对它们的预期却有着很大的不同，说明价格正在偏离于价值，市场不是有效的。一种可能是，华谊兄弟被市场严重高估了，一些投资者可能就会利用这一信号进行对冲套利。相同收益的两家企业却有不同的市值，其实就是两家企业的市盈率不同。

（一）静态市盈率

什么是市盈率呢？先来说说静态市盈率。静态市盈率也叫作市价市盈率，是投资市场上广泛使用的一个指标，等于股票的市场价格除以已知的最近公开的每股收益得到的比值，数学表达式是 P/E。

这个指标直观反映了：假如我现在决定要投资某企业的股票，大概需要多长的时间才能依靠企业的盈利水平收回我的投资成本，如青岛啤酒过去一年的平均市盈率水平为 42.09，这意味着如果你投资了青岛啤酒，大概需要 42 年多的时间才能收回成本。

因此，市盈率首先是一个衡量企业盈利能力的指标。巴菲特认为，股票价值的决定因素之一是企业的盈利能力。同样是评估企业盈利能力的每股收益（EPS）指标，其适用性就不如市盈率指标，可以把市盈率看作是 EPS 的一种改进。P/E 市盈率估值模型最早是由美国哈佛大学著名的教授约翰·Y. 康贝尔联合耶鲁大学的教授罗伯特·J. 席勒一起研究创立的企业价值分析模型，这个理论本质上是自由现金流折现模型（DCF）加上若干假设之后得出的一个更为简易直观的估值模型。

具体而言，假设企业未来各个时点的自由现金流为一个不变的常数，那么企业的内在价值就应该等于自由现金流常量除以合适的折现率，根据市盈率的定义，可以认为折现率的倒数是市盈率的一个近似值。例如，一家企业的合理折现率取 10%，那么对其市盈率的一个合理估计应该是 10 倍左右；如果一家企业的合理折现率取 12%，那么对其市盈率的一个合理估计应该是 8.33 倍左右。正是因为市盈率和折现率有着这样一层数量上的直接联系，所以市盈率也是一个反映企业风险的重要指标。

如何用 P/E 市盈率模型来评估企业的价值呢？首先，投资者应该评估企业的股票价值。已知五粮液过去五年的平均市盈率为 34.22，最新财务报表上可得的每股盈利为 4.483 元，那么对五粮液股票价格的估值为 34.22×4.483＝153.41 元左右，把这个估值乘上流通总股本数就是模型对五粮液内在价值的估计结果。

然而，不是所有企业的市盈率指标都是容易获得的。当我们无法估计一家企业的市盈率到底是多少时，可以尝试换一个思路：首先计算与这家企业处于同一行业的且期望增长率、盈利能力、风险等指标水平相似的一些"可比"企业的平均市盈率，然后以这个"可比"企业的平均市盈率作为我们对所考察企业市盈率的估值，再代入 P/E 市盈率模型中对这家企业股票价格进行估计。

（二）动态市盈率

再来说说动态市盈率。动态市盈率是一种带有预测性质的市盈率指标，它是股票的市场价格除以未来每股收益的预测值得到的比值。

例如，下一年度的动态市盈率就是现在的股票价格除以下一年度的每股收益预测值，下下一年度的动态市盈率就是现在的股票价格除以下下一年度的每股收益预测值。和静态市盈率不同的是，动态市盈率计算公式中的分母是一个处于未来时点的预测值，因此除去盈利能力、风险水平这两个因素，动态市盈率相较于静态市盈率，还考虑到了盈利增长这一成长方面的因素。

虽然动态市盈率的使用频率比不上静态市盈率，但是前者丰富了后者的内涵，扩充了市盈率模型的适用范围。市盈率相对盈利增长比（PEG）便是动态市盈率模型的一个代表性应用，它是市盈率除以净利润增长率得到的比值，通过引入净利润增长率指标来弥补传统市盈率指标对企业成长性估计的不足。

在实际应用中，考虑到部分企业的投资收益等多种收益来源具有不稳定性，以及存在利用这些不稳定的收益来源操纵利润表的会计手段，使得净利润增长率这一指标的置信程度下降。因此，PEG 模型中净利润增长率这一指标可以用税前利润的增长率/营业利润的增长率/营业收入的增长率/每股收益年增长率等指标来替代，从而让估计结果更有参考价值。

下面具体讲讲 PEG。

彼得·林奇曾说过："任何一家公司的股票如果定价合理的话，市盈率就会与收益增长率相等。"换言之，如果一家企业的股票被合理定价了，那么它的 PEG 值应该为 1 左右，此时价格与价值相符合。

这衍生出一条经验之谈，如果一个企业的 PEG 值大于 1，那么这家企业的股票价格很有可能被高估；如果一个企业的 PEG 值小于 1，那么这家企业的股票价格很有可能被低估。在计算 PEG 值时，投资者往往会对至少未来三年的盈利增长状况做出预测，而非沿袭传统市盈率"滚动十二个月"（TTM）的模式，这无疑提升了该指标的计算复杂程度。只有当投资者对该企业未来三年以上的盈利增长状况做出较为准确的判断时，PEG 指标才有较高的参考价值，否则会误导投资。

另外需要注意的是，PEG 虽说主要是用以判断投资企业的股票是否存在错估的情况，但是也不能仅仅依靠 PEG 这个单一指标直接做出判断。在某些特殊情况下，如果某企业的 PEG 值为 10，同行业其他类似企业的平均 PEG 值为 12，对比 PEG 值，显然该企业是被低估的，应该考虑投资。相反，只看 PEG 做出的判断就是该企业被高估，不应该考虑投资。这是两个矛盾的结论。

此外，PEG 模型受到"G"这个增长率的影响过大，如果一家企业的 G 为 0%，市盈率为 10 倍，PEG 就是无穷大，说明企业被严重高估，不应该考虑投资，但是拥有 10 倍的市盈率的企业真的没有一点儿投资价值吗，那也未必；如果一家企业的 G 为 12%，市盈率为 12 倍，PEG 就是 1，说明企业估值合理，但是这样的企业的价值还能用市盈率来衡量吗？12 倍的市盈率所对应的折现率必然是比 12% 的 G 要小的，容易看出此时企业的永续价值是趋于无穷大的，其中的价值信息绝不是市盈率模型所能涵盖的，意味着模型失去了效力。

说到底，虽然 PEG 是对 P/E 市盈率模型的改进，但它还是存在不少 P/E 市盈率模型的缺点，其中最大的问题便是运用单指标的科学依据不够充分，适用范围不够宽泛。所以，如果投资者正在考虑使用 PEG 对企业价值进行评估，必须考虑企业内部的基本面情况、行业发展状况、宏观经济政策等诸多因素来做出一个综合性评价，也可以尝试联合 P/E、P/B、P/S 等相对指标进行研判。

下面介绍 PEG 指标的一种常见用法。

比如，五粮液最新财务报表上可得到的每股盈利为 4.483 元，现在合理估计五粮液未来五年的复合增长率为 18.2685% 左右，假设企业的 PEG 为 1，那么此时企业的市盈率应该也是 18.2685 倍，且股票合理定价时的价格就代表投资者对所投资股票内在价值的估计，该项估值为 $4.483 \times 18.2685 = 81.90$ 元左右，再将该估值乘上流通的总股本得到的值就是 PEG 模型对企业内在价值的评估结果。

（三）"戴维斯双击/双杀"

P/E 市盈率模型能给投资者带来什么启发呢？从公式"股价＝每股收益×市盈率"出发，该模型就是在阐述一个简单的道理：企业价值的上涨要么受益于其盈利能力的增强，要么来源于市场对企业盈利预期的变化（由市盈率变化所反映的市场波动），所以青睐于市盈率指标的投资者可能会把大部分精力都放在研究每股收益和市盈率这两个点上。

这其中的部分思想其实是与价值投资的观念相左的，因为价值投资是"关注长期价值，忽略短期波动"的。这里我想引入一段股神巴菲特关于对公司 PE 理论的看法，巴菲特说："市场一般简易的评估标准，如 PE、PB、公司分红率、预期的成长性，这些基本上和企业内在价值计算毫无关系，除非它们可以在一定的程度上能提供上市公司未来现金流出或流入的线索。"可以看出巴菲特并不认可 PE 模型这种相对的估值方法。

巴菲特进一步说明："假如企业有一个项目前期各项资本投入大于项目建成后其资产现金流量回报的折现值，那么可以认为企业预期成长反而会折损企业原本的价值。市场上的分析师们经常把企业分成'价值型'和'成长型'两类完全不同的投资风格，这只能表明他们对资本市场的无知。企业的预期成长只能算是价值评估的因素之一，结合实际情况，它可能是正面的，但有时也可能是负面的。"

所以，在投资中，巴菲特一直坚持使用绝对估值法，他说这些方法计算与价值评估并无关系，不认同这些相对估值方法。但是以 P/E 市盈率模型为代表的相对估值方法也并非一无是处，其中一些投资思想原理也是值得借鉴的，可以用于我们对公司估值的交叉验证。

"戴维斯双击"是一种常见的投资策略，是指在低市盈率的时候买入企业的股票，待企业的盈利能力不断实现之后，再以高市盈率卖出，这样就可以获得每股收益和市盈率同时增长的投资乘数收益。"戴维斯双击"意味着当企业走上坡路时，其业绩不断上升，那么市场对它的态度也是看好的，这就带来了实际与预期的双重提升。

例如，巴菲特在 1988 年买入可口可乐的股票时，企业的市盈率大概是 15 倍左右，而等到 1998 年，可口可乐的市盈率则达到了 45 倍之多，十年间翻了 3 倍；而在盈利能力方面，十年间可口可乐的净利润增长了 3.94 倍。所以，根据"戴维斯双击"这一投资策略，巴菲特靠购买可口可乐的股票在十年内赚了 3×3.94＝11.82 倍的股价增长收益，更别提期间可观的股息收益。一旦"双击"成功，股价将会上涨至少 1 倍以上，优质行业的领头羊企业有可能上涨数倍或数十倍。

这其实和价值投资中"以较低的价格买入高价值的股票"有着异曲同

工之妙，被市场低估的企业股票如果真的能够实现我们评估的内在价值，那就有进行投资的必要。"戴维斯双击"投资策略也为我们的投资选股提供了一些思路：一般而言，以10倍的市盈率买入未来若干年复合收益率为10%～15%的企业的股票，在五年后市场给这家企业给出更高的预期时，这项投资的收益率是相当可观的。

和"戴维斯双击"完全相反的投资策略是"戴维斯双杀"，该策略选择买入高市盈率股票，后遭遇EPS和PE同时降低的乘数效应，导致巨额亏损。

三、杜邦分析法

股票投资，必须具备正确判断的能力，这样才不致于盲目服从，酿成失败。

——杰姆·罗杰斯

在投资过程中，投资者最关心的往往是所持股票价格的涨跌情况这一绝对数字的大小，其实上文讲到的评估企业价值的两种常见方法最终也是给出股票价格或者企业价值的一个合理估计值。下面要讲的估值方法更多地把关注点放在企业的财务报表上，侧重于基本面内的财务比率分析。

我们都知道，现代企业价值最大化的首要目标就是实现所有者即股东投资利益的最大化，而权益报酬率（ROE）是一个全面反映股东权益回报的财务分析指标，如果一家企业的权益报酬率越高，一般就可以认为该企业利用资本获利的能力越强、经营效率越高。

　　成功的股市投资者首先考察公司的基本业务流程，因为公司的业务流程能够使其具备持续增加利润的能力。评价和衡量一家企业或公司是否优良和有发展潜力，能够在较长的一段时期内稳定给投资者以丰厚的回报，最重要的指标就是"股东权益报酬率"。使用股东权益报酬率这一财务指标考察公司的经营管理能力，作为投资的参考。

　　所以，分析权益报酬率这一相对值并非没有意义，其实也就是基于企业的基本面考察公司的盈利能力和再投资能力，进而判断企业的价值有多大。下面讲讲估计权益报酬率的常见方法：杜邦分析法。这种方法可以让财务比率分析的层次更加清晰，条理更加突出。

　　杜邦分析法最早由美国杜邦公司提出并使用，其基本思想是将企业中综合性最强的财务分析指标——权益报酬率（又叫净资产收益率、权益净利率等）拆分成用以评价企业经营效率、资产管理效率、财务杠杆的若干个财务指标的乘积，形成一个全面完整的财务指标分析体系。杜邦分析体系有助于投资者发掘那些决定权益报酬率大小的因素，分析各财务指标内在的有机联系。

　　杜邦分析法最常见的表达式如下：

　　权益报酬率（ROE）＝销售净利率（NPM）×资产周转率（AU）×权益乘数（EM）

　　其中：

　　①权益报酬率是杜邦分析框架的核心，定义为净利润/股东权益。

　　②销售净利率是一个评价企业经营效率的重要财务指标，定义为净利润/营业收入。

　　③资产周转率是一个评价企业资产管理效率的重要财务指标，定义为营业收入/总资产。

　　④权益乘数是衡量企业财务杠杆的重要指标，定义为总资产/股东

权益。

杜邦分析法如图 3-1 所示。

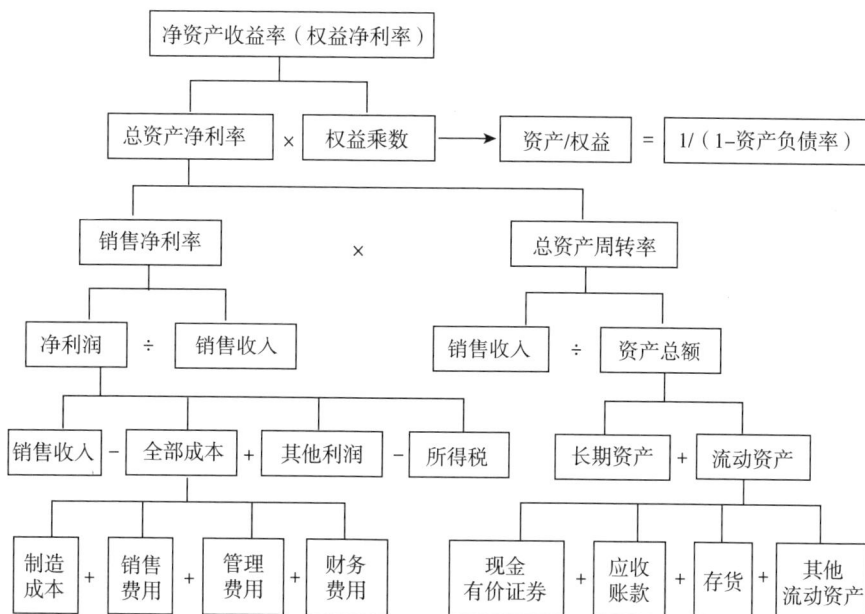

图 3-1　杜邦分析法示意图

下面讲讲使用杜邦分析法的基本思路。

基本的想法：投资者想去投资那些具备高权益报酬率的企业，那么这些企业是不是也要具备高的销售净利率、资产周转率和权益乘数呢？如果企业也是这么考虑的，管理者想要提高企业销售净利率、资产周转率和权益乘数进而提升企业的权益报酬率来吸引更多的投资者投资，那他们具体该怎么做呢？这其实是一个双向的过程。

站在企业的角度，资产净利率是影响权益报酬率最重要的指标，所以他们首先要考虑提升自身的资产净利率，而资产净利率恰好是销售净利率和资产周转率的乘积，是企业销售成果和资产运营的综合反映。

企业销售净利率可以直观地反映企业产品的竞争力，它是指销售收入盈利的水平高低。在企业经营中，企业想要提升销售净利率，比较常见的方法有扩大产品的销售收入、提高售价、减少营运成本开支。而资产周转率指标则是对公司总资产周转速度、管理效率等进行记录，企业要想提升资产周转率，就要对影响企业总体资金周转的细项指标进行研究，企业可以尝试通过扩大销售收入、降低资金的占用额，对应收应付款周期、现金存款、总体流动资产周转率、存货的周转率等进行分析进而做出相应的优化决策。

权益乘数指标主要用来反映企业在经营中合理利用财务杠杆的大小程度。财务杠杆实际上衡量的是企业的财务风险，因此企业尝试提升权益乘数其实也会给自身带来更大的财务风险，主动提高权益乘数来提高企业的权益报酬率是需要经过深思熟虑的决策。企业可以通过多负债来提升自身的资产负债率，资产负债率越大，企业的负债程度越高，权益乘数也会越大。

这样看来，杜邦分析法的缺陷是明确存在的。最明显的一点是，使用杜邦分析法进行财务分析的基础完完全全来自财务报表，此方法只包含财务方面的信息。那些不在财务报表上披露的却能够反映企业实力的信息并不会被纳入此模型的考察范畴之内。

因此，我们在实际进行企业价值评估的时候，需要结合企业其他方面的信息加以分析，如那些企业的无形资产所附带的价值，顾客、供应商、雇员、技术创新等因素对企业盈利的影响。当然，杜邦分析法分析结果的时效性不足、分析客体的适用范围不大等问题也是不容忽视的。

当然，杜邦分析法最大的好处是：使用该模型很容易分析各财务指标的变动趋势，并在此基础上解释这些财务指标的变动原因。这为企业下一步针对这些变动采取什么样的改进措施打下了理论基础。

（一）分析步骤

使用杜邦分析法具体可以分为三步：

投资者从权益报酬率开始，根据最新会计报表（主要是资产负债表和利润表）上的会计数据，根据杜邦分析法公式逐个计算所需要的会计指标。

◇ 将计算得到的各个会计指标数据填入杜邦分析图。

◇ 最终计算得到权益报酬率，可以尝试进行同一家企业不同时期的数据对比，也可以进行同一时期不同企业之间的对比。

◇ 选取大消费、大医疗、科技三个行业中的代表性企业进行杜邦分析，如图 3-2～图 3-4 所示。

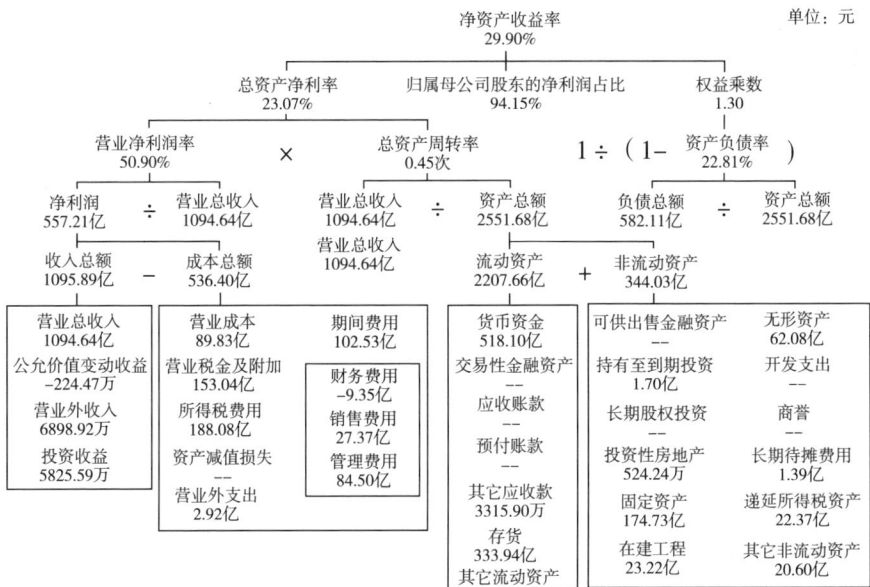

图 3-2　2021 年贵州茅台杜邦分析法示意图

单位：元

净资产收益率 27.68%

总资产净利率 21.71% ── 归属母公司股东的净利润占比 98.68% ── 权益乘数 1.23

营业净利润率 30.72% × 总资产周转率 0.71次　　1 ÷ （1− 资产负债率 18.88% ）

净利润 24.64亿 ÷ 营业总收入 80.22亿　　营业总收入 80.22亿 ÷ 资产总额 124.95亿　　负债总额 23.59亿 ÷ 资产总额 124.95亿

收入总额 80.52亿 − 成本总额 53.86亿　　流动资产 106.33亿 ＋ 非流动资产 18.62亿

营业总收入 80.22亿
公允价值变动收益 453.51万
营业外收入 725.92万
投资收益 1881.20万

营业成本 39.53亿
营业税金及附加 7205.14万
所得税费用 4.05亿
资产减值损失 ──
营业外支出 1273.08万

期间费用 9.43亿
财务费用 −8423.52万
销售费用 6.51亿
管理费用 3.77亿

货币资金 70.97亿
交易性金融资产 879.52万
应收账款 6.12亿
预付账款 ──
其它应收款 1.19亿
存货 24.38亿
其它流动资产

可供出售金融资产 ──
持有至到期投资 ──
长期股权投资 2.68亿
投资性房地产 2642.82万
固定资产 2.69亿
在建工程 1494.17万

无形资产 2.21亿
开发支出 ──
商誉 ──
长期待摊费用 4418.51万
递延所得税资产 1.41亿
其它非流动资产 2.29亿

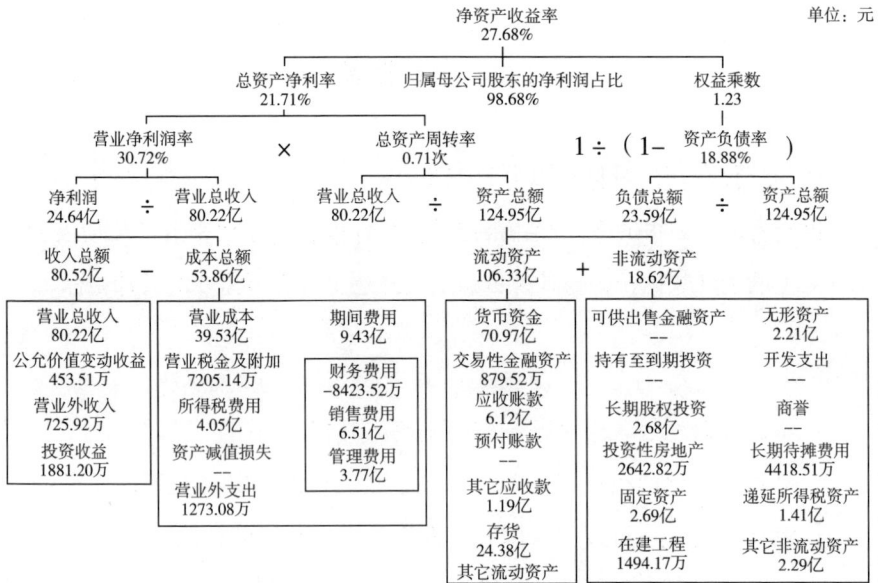

图 3-3　2021 年片仔癀杜邦分析法示意图

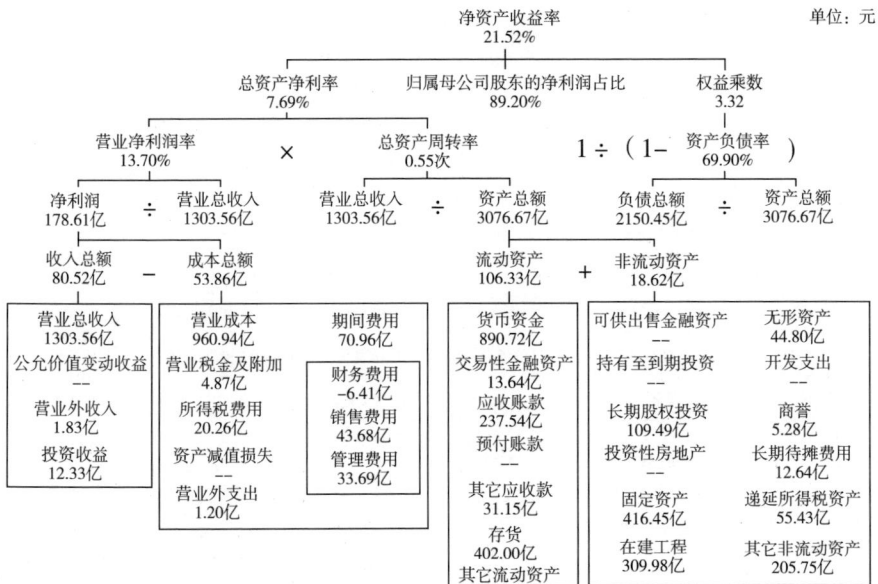

单位：元

净资产收益率 21.52%

总资产净利率 7.69% ── 归属母公司股东的净利润占比 89.20% ── 权益乘数 3.32

营业净利润率 13.70% × 总资产周转率 0.55次　　1 ÷ （1− 资产负债率 69.90% ）

净利润 178.61亿 ÷ 营业总收入 1303.56亿　　营业总收入 1303.56亿 ÷ 资产总额 3076.67亿　　负债总额 2150.45亿 ÷ 资产总额 3076.67亿

收入总额 80.52亿 − 成本总额 53.86亿　　流动资产 106.33亿 ＋ 非流动资产 18.62亿

营业总收入 1303.56亿
公允价值变动收益 ──
营业外收入 1.83亿
投资收益 12.33亿

营业成本 960.94亿
营业税金及附加 4.87亿
所得税费用 20.26亿
资产减值损失 ──
营业外支出 1.20亿

期间费用 70.96亿
财务费用 −6.41亿
销售费用 43.68亿
管理费用 33.69亿

货币资金 890.72亿
交易性金融资产 13.64亿
应收账款 237.54亿
预付账款 ──
其它应收款 31.15亿
存货 402.00亿
其它流动资产

可供出售金融资产 ──
持有至到期投资 ──
长期股权投资 109.49亿
投资性房地产 ──
固定资产 416.45亿
在建工程 309.98亿

无形资产 44.80亿
开发支出 ──
商誉 5.28亿
长期待摊费用 12.64亿
递延所得税资产 55.43亿
其它非流动资产 205.75亿

图 3-4　2021 年宁德时代杜邦分析法示意图

（二）分析案例

以浙江亿田智能厨电股份有限公司（股票简称：亿田智能）为例，讲讲杜邦分析法的具体应用。分析所使用的财务数据来源于《浙江亿田智能厨电股份有限公司2020年年度报告》。

我们可以对企业的大致情况做个简单判断：从2019年到2020年，企业的净利润呈现上升趋势，且同时期企业产品的盈利能力也在提升，但是企业所有者权益的盈利能力却在下降，可能是因为企业加大了所有者权益的投入力度且超过了净利润的增长幅度。

首先计算出企业2019年度和2020年度的权益报酬率这一核心指标。2019年的权益报酬率＝2019年净利润/2019年所有者权益，为34%左右，2020年的权益报酬率＝2020年净利润/2020年所有者权益，为14%左右。容易发现2020年比2019年企业的权益报酬率出现了大幅降低的情况，这无疑会让投资这家企业的投资者的信心产生动摇。于是企业的管理者们考虑使用杜邦分析法进行财务比率分析以改善企业的决策，决定把权益报酬率拆分成资产净利率和权益乘数，尝试找到权益报酬率下降的原因。

在资产净利率方面，2019年的资产净利率＝2019年净利润/2019年总资产，为16%左右，2020年的资产净利率＝2020年净利润/2020年总资产，为10%左右；在权益乘数方面，2019年的权益乘数＝2019年总资产/2019年所有者权益，为2.13左右，2020年的权益乘数＝2020年总资产/2020年所有者权益，为1.37左右。

初步分析可知，相较于2019年，2020年该企业运用资产的盈利能力出现了下降，资产净利率指标下降了37.5%左右；而且企业收缩了财务杠杆，权益乘数指标下降了35.7%左右。那么从拆分结果上来看，亿田智能权益报酬率下降的主要原因是企业资本结构（权益乘数）和资产盈利效率

（资产净利率）两方面同时下降的结果。

若要尝试一些更加深入的分析，需要把财务指标进行更多的拆分。接下来，我们把资产净利率进一步拆分成销售净利率和资产周转率。在销售净利率方面，2019 年的销售净利率＝2019 年净利润/2019 年营业收入，为 15%左右，2020 年的销售净利率＝2020 年净利润/2020 年营业收入，为 20%左右；在资产周转率方面，2019 年的资产周转率＝2019 年营业收入/2019 年总资产，为 1.08 左右，2020 年的资产周转率＝2020 年营业收入/2020 年总资产，为 0.51 左右。

分析可知，相较于 2019 年，2020 年该企业利用产品的盈利能力得到了提高，销售净利率提高了 33.3%左右；但是企业的资产周转速度却在下降，资产周转率下降了 52.8%左右。那么从拆分结果上来看，虽然销售净利率和资产周转率的变动对资产净利率的影响方向是相反的，但是资产周转率的下降幅度更大，最终导致资产净利率下降。沿着这个思路，似乎资产周转率的下降是企业权益报酬率下降的重要因素之一，那么企业出现什么状况会使得资产周转率下降呢？可能是企业的产品销售能力降低，也可能是企业的产品库存过多，还可能是企业的闲置资金比较多。

具体是什么原因造成的还需要我们从产品的各项成本、生产期间的费用以及企业的战略决策变化等事项相关的财务数据中挖掘更多信息，这样才能够做出判断。当然，由于模型的分析对象是合并财务报表，具体的母公司和子公司各自的运营效率如何我们并不知情。此外，企业对于产品研发、品牌推广以及财务政策等方面做出了哪些措施，也不是一个简单的模型可以涵盖的。

从上述案例分析过程中可以看出，杜邦分析法这一分析体系存在着明显的缺陷。我们抓住权益报酬率这一核心财务指标，目的主要是对企业的经营状况进行分析，进而判断企业是否值得我们进行长线投资，但是传统的杜邦分析法体系中包含企业的非经营性项目（如金融性质的资产和负债），具体条目为：

"总资产"与"净利润"不匹配。在计算资产净利率时，企业投入的总资产不但包括属于股东的所有者权益，还包括债权人享有的债权，然而收获的净利润仅归股东所有。因此，我们有必要对"总资产"进行调整。

没有区分经营活动（购买材料、销售产品、提供劳务、广告宣传、缴纳税款）和金融活动（金融资产、金融负债）。正如前文所述，杜邦分析法体系着重分析的是一家企业的经营能力。但传统的财务报表通常包括金融投融资的损益，这并不属于杜邦分析法体系的范畴。

面对这些情况时，常见的做法是把传统的财务报表转换成管理用财务报表，在此不多作赘述，有兴趣的读者可以尝试自行研究。

补充说明：净资产收益率指标用于衡量企业运用股东所投入资本获得利润的能力，是杜邦分析法的核心，对企业关键盈利能力和股东权益回报水平进行厘清，从财务角度来评价企业绩效，把企业的净资产收益率拆解为多个财务指标的乘积，这样有助于分析比较企业的经营业绩。

指标值越高，说明投资带来的收益越高。我们可以直观地认为，净资产收益率：

10%~15%，为一般公司。

15%~20%，为杰出公司。

20%~30%，为优秀公司。

在巴菲特所购买股票的公司中，我们经常可以看到一个财务上共同的特点——净资产收益率很高，如可口可乐的长期净资产收益率在20%以上。

当然净资产收益率也有一些局限和适用场景。比如，如果高净资产收益率的企业在实际经营中有大量的有息负债，那么这个企业的背后就隐藏着风险，它就极有可能以牺牲企业长期稳健经营为代价。

同时，因为净利润存在质量问题，并非所有的净利润都表现为赚得的现金，因此，只能说净资产收益率代表的是企业的盈利能力，并不代表企业的赚钱能力。赚钱能力与盈利能力有着很大区别，因为权责发生制会计法则的采用，销售收入可以不收到现金，成本费用也可以不支付现金，导致利润与现金脱离，两者之间并没有太大的关系。

因此，利用净资产收益率进行财务分析时，数据必须是真实的、有质量的，而不是通过会计粉饰"做"出来的，如收益须有现金保证、资产不能有减值跌价、负债和支出必须完整等。

还有就是要注意杜邦分析法中的商誉部分，如果公司进行商誉减值，除了财报上一次性的净利润影响之外，更重要的意味着企业并购的损失，对未来的净利润产生影响，这可能会导致企业估值降低。

所以在实际工作中，杜邦分析法对企业价值判断具有非常重要的作用，可以与 PE、现金流折现等估值方法交叉验证一个企业真正的价值。

四、估值方法总评

在股票市场的投资中，可能有些地方需要一点运气，但长期而言，好运、坏运基本相抵，如果你想要保持成功，那就必须有良好的原则和专业技能。

——菲利普·费雪

结合分析全球投资大师们的成功经验，他们基本上都遵循以下五大投资原则。

第一，坚持投资不投机。短期的股价是混沌的、不可预测的，但从长期来看，股价总是回归价值。投资者买入股票并不是电脑上敲入的一串数字代码，更不是赌场上的骰子，而是相应公司实实在在的所有权。在投资时，投资者应当把自己买进的股票当成是上市公司股权的一部分。

第二，确立正确理念。投资理念反映了投资人对投资活动的思路，思路指导我们如何选择股票和投资组合，如何让自己的投资决策更可靠，并且能够使我们的内心在市场巨幅震荡时保持理性和平静。

第三，制定可以重复并不断优化的决策架构。确立投资理念并决定要投资的领域之后，投资人必须制定一个可以不断重复的流程，用于反复实践并能不断优化，以便识别和搜索符合投资标准的公司，按照同样的流程分析公司，可以确保用同样的标准规范来评判所有的投资。

第四，严格选择优秀的投资标的。对企业基本面的科学正确研判是成功投资者的必备条件。优秀的公司通常身处幸运的行业之中，具有坚固持久的"护城河"、高效的管理团队，并且能够通过自身不断地增长给予股东丰厚的回报。

第五，以合理的价格购买股票。投资的困难在于，我们清楚地看到了有些优秀企业的经营业绩、持续增长明显好于另外一些平庸的企业，但是前者的价格一直都保持在高位。优秀的投资人应当能够以合理的价格买入优秀公司的股票，分享企业成长带来的长期收益。购买价格大大低于其价值的股票，不仅投资人的回报会随着时间的推移而逐渐增加，而且可以在公司遭遇意外困难时，为投资人提供足够的安全垫，好行业、好企业、好价格，缺一不可。

根据这五条投资原则，上文提及的自由现金流折现法、P/E 市盈率模型、杜邦分析法其实都是在基本符合这些投资原则的基础上提出的模型。在实际的投资过程中，很难主观地去评判其中哪一种估值方法是最好的，尽管每个投资者对不同估值方法的偏好程度不同，但也极少有投资者会仅仅使用一种估值方法进行企业估值。

在大多数情况下，我们建议投资者把若干主流的企业估值方法结合起来使用，如自由现金流折现法和 P/E 市盈率模型作为绝对估值方法和相对估值方法各自的代表，就比较适合放在一起使用。

考虑到要进行不同方法概念的结合使用，那就有必要对不同估值模型的优劣势进行对比分析，扬长避短，去其糟粕，取其精华，进行全方位的细致分析，这样才能得到一个比较合理的估值结果。企业价值的评估方法有很多，但大致可以分为绝对估值方法和相对估值方法两个大类进行总评。

（一）绝对估值方法

谈到绝对估值法，其最大的优势就是理论上的近乎无懈可击，但相应的代价是模型的实用程度偏低，且模型对金融数据变化的敏感程度比较高，这导致了估值结果的不稳定、可参考价值也不高。是谓"最正确的方法也是偏差最大的方法"。多年前绝对估值方法刚引入中国时，就有着"水土不服"的问题，主要原因有：

◇ 中国上市公司财务报表数据的结构不是特别完整严谨、企业会计制度不是特别完善，因此想要估计模型需要的参数就显得比较困难；即使获得了参数，也有可能是一个不可信的值。

◇ 当时中国所有上市公司的流通股本不到总股本的1/3，这与绝对估值模型中股本全部流通的基本假设并不符合。

近些年来，我国股票市场存在的这些问题正在得到好转。尤其是2005年以来，股权分置问题开始得到解决，这为创造中国股票市场股本全流通的基本环境打下了基础。相应地，绝对估值方法在企业估值领域的地位也有了一定的提升，越来越多的投资者和投资机构加大了对自由现金流折现方法等绝对估值方法的关注程度。

虽然说中国股市还未完全达到自由现金流折现法最理想的使用条件（市场完善、会计制度健全、信息真实披露），但不论是学术界还是投资实操领域都已经越来越频繁地使用这种估值方法，从长远来看更是鼓励这类估值方法的运用。

总结一下，绝对估值方法在当前的投资环境下，适用于现金流增长相对稳定的企业，如白酒、电力、公共事业行业的部分企业，而对于那些现金流频繁波动、不稳定的行业内企业，这类估值方法的估值效果将会打折扣。

（二）相对估值方法

至于相对估值法，相较于绝对估值方法，理解和使用起来更加简单易懂，且便于计算。相对估值法有很多种，每一种相对估值方法的基本计算思路就是构建一个乘数，以估计企业的股票价值。

事实上每一种相对估值方法都有其特定的适用范围，目前存在着多种相对估值方法被错用、滥用、肤浅理解的情况。例如，P/E 市盈率模型并不适用于具备强烈行业周期性的上市公司；不在少数的投资者只是关心 PE 值本身从历史到现在的变化，但是 PE 估值法的正常逻辑是合理股价取决于 EPS 和 PE 值的乘积。那些对 P/E 市盈率模型理解不够深刻的投资者，往往会对股市中股价大幅上涨或者下跌的情况感到诧异和恐慌，殊不知这背后的原理，其实就是 PE 估值法的乘数效应起到了作用。

（三）硬币的正反面

绝对估值方法和相对估值方法没有优劣之分，都存在各自的优势和缺陷，就像一个硬币的正反面。对于投资者而言，利用这两类估值方法的最优途径便是根据实际的投资对象和环境合理地结合运用，具体情况具体分析。一般而言，至少一种绝对估值方法和多种相对估值方法结合起来分析大概率可以达到一个比较好的效果。

以一些常见的行业企业为例，假设我们选用自由现金流折现方法作为绝对估值方法的首选，对于互联网以及生物、医药等行业内的企业，分析时应该关注成长性，首选 PEG 方法，次选 P/B、EV/EBITDA（企业价值倍数）；对于商业、酒店、房地产等行业内的企业，分析时应该关注企业资产的实际价值和账面价值的差异对企业价值带来的影响，考虑选择 PE 和冲估净资产法（RNAV）两种方法结合起来使用；对于白酒、基础建设行业内企业，分析时应该关注稳定性，首选 EV/EBITDA；对于资源行业内企业，分析时应该关注企业相应资源的产量以及潜在可开发资源的储藏量，考虑选择期权定价模型，虽然这不属于价值投资所关注的重点。

我国股票市场的主体仍然是周期性行业企业，在新冠疫情影响经济金融环境的大背景下，这些周期性行业的景气度普遍出现了下降，使得公司市值和内在价值发生较大的偏离，在这样的投资大环境下，传统相对估值方法的适用程度并不是很高。

相应地，"细分行业，精选个股"成了更好的投资策略，绝对估值方法的重要程度也在上升。我们建议投资者应该加强对以自由现金流折现法为代表的绝对估值方法的理解和应用，同时不能忽视绝对估值方法和相对估值方法这两类估值方法的结合使用。

投资者基于企业的基本面进行分析时，不但要考虑企业当前的营业能力、财务状况等因素，也要考虑企业所处行业未来的发展状况以及企业的发展战略等成长性因素，从而形成一个全面的分析研判并做出更加理性的投资决策。

第四章

知识格栅

在手里拿着铁锤的人看来，每个问题都像一颗钉子。

——查理·芒格

我们认为，某个具体学科一般都试图从一个相对狭小的角度去了解这个多维而复杂的世界，可能只是一个维度，或者是说像盲人摸象，难见全貌。

"格栅"一词形象而贴切，好似游戏棋盘九宫格，各个学科分布在不同的格子里，有几何数学、物理学、心理学、生物进化学、宗教、哲学、自然科学等，这样的目的是希望建立起一个兼具多样性、系统性、整体性和多层次的科学思维，跳出金融投资的本身局限，保持高瞻远瞩、洞察力和全局性，以便更好地理解这个世界复杂现象背后的规律和脉络逻辑。

资本市场是一个具备多维、复杂、混沌等多重因素的适应系统，如果想要超越市场，获得更好的投资回报，就需要整合、升级不同学科的核心思维、原理，建立起属于自己独特的知识格栅体系，保持投资决策上的优势。

光靠聪明才智认识事物，可能有偶尔的灵光乍现，但总归不够深入。

一、行为金融与投资

> 我能计算出天体运行的轨迹，却难以预料到人们的疯狂。
>
> ——牛顿

传统金融学研究世界应该是如何运行的，行为金融学研究世界实际是如何运行的。

行为金融学是一门新兴的学科，它融合了金融、数学、博弈论、行为学、心理学、社会学等学科，是知识理论相互交叉的学科，主要研究在金融市场上的非理性投资行为及决策规律。行为金融学科假设前提为金融市场的股票交易价格并不仅仅由企业的内在价值所决定，还在一定程度上受到众多投资者各种行为的影响，也就是说，投资者心理与行为都会对证券市场上的价格决定和其波动有着巨大的影响。

行为金融学有很多新的研究成果，同时包括一些传统心理学理论的基本原理，尤其是在信仰（过度自信、乐观主义和如意算盘、代表性、保守主义、确认偏误、锚定、记忆偏误）以及偏好（展望理论、模糊规避）在行为金融学的应用。

有一本经典书：《大癫狂：非同寻常的大众幻想与群众性癫狂》，在书中，作者讲述了17个人类群体性狂热的故事，分别是古代荷兰人为了郁金香球茎不顾一切，漏洞百出的"密西西比计划"让整个法国都陷入一片投机狂潮；以理性智慧自称的英国人则在"南海泡沫"中损失惨重；炼金士们、各种圣物崇拜、女巫们等各样光怪陆离的骗局纷纷登场……人类历史进程中永远都盛行癫狂情绪或者不可思议的群体愚行，这一切无非都是来自人性深处无法抑制的欲望和贪婪。

在传统的投资过程中，投资者可能会更多地分析投资客体的金融数据，如企业的净资产收益率、市盈率以及股价等常见的指标；行为金融学则更多地尝试分析投资主体——投资者本身，该学科从微观个体行为以及产生这种行为的心理因素角度出发来分析金融市场的变化及走势。

与传统金融学相比，行为金融学对传统金融理论体系内的两大假设做出了挑战。

第一个假设是关于人的行为假设，传统金融学假设投资者是"理性人"，即投资者的所有投资决策都是建立在理性预期、风险回避、效用最大化以及相机抉择等基础之上的；但是行为金融学认为人的非理性思维在投资过程中发挥的作用不应该被忽视，当非理性的决策相对于理性决策形成一种系统性的偏离时，"非理性人"的行为就会对金融市场的变化走势产生影响。

第二个假设是关于金融市场的，当金融产品的市场价格和其内在价值在非理性投资者的影响下产生偏离，"理性人"可以通过构造套利组合来消除这种偏离，最终可以让那些非理性投资者放弃投资并离开金融市场。

行为金融学针对这点提出，现实中的金融市场可能并不是如同想象中那么"有效"的：首先，构建一个套利组合并不是毫无代价的，需要投资者支付佣金等费用，那些理性投资者如何保证自己的套利收益百分百覆盖这些费用呢？其次，投资者持有的套利组合，在持有期内也会面临金融产品价格波动的风险，当价格朝对持有者不利的方向波动（基本面风险、噪声等）时，持有套利组合的投资者又该如何应对呢？

总而言之，通过构造套利组合"驱逐"非理性投资者是存在风险的，总会有一些金融市场中的反常现象是传统金融学无法完全解释的，这完全有可能是一些非理性因素在起到不容忽视的作用。在进行价值投资的过程中，我们应该考虑这些因素，因此研究行为金融学对于我们的投资具备重要的意义。

在投资中，投资者的主观认知、决策情境与客观环境的差异，如认知水平局限、个性因素、情绪因素、情境因素等，往往会成为一种约束，使人们出现心理上或者行为上的偏差，很难做出对自己有利的理性决定。

（一）投资决策时的心理误区

心理偏差是一种心理认知上的偏差，在不确定的条件下，该类心理现象将会导致投资者在对外部信息进行接受、处理、分析的过程中和理性人假设发生背离。心理偏差产生的原因大致可以归为两个：一是内部视角，即人倾向于从自身的立场和角度看待问题；二是惰性思维，即人的思维方式具有惰性，而不是坚持理性的思考。

具体而言，心理偏差又包括很多具体的心理现象，如"羊群效应"、心理账户、证实偏差等，以下将介绍几个常见的心理偏差现象。

1. 羊群效应

"羊群效应"，也称为从众心理，常用来描述个体的从众跟风行为，如同在一个羊群中，大部分羊都倾向于去模仿领头羊的一举一动，领头羊去哪儿吃草，它们也会跟着去哪儿吃草；领头羊去哪儿喝水，它们也会跟着去哪儿喝水。这种心理偏差现象放在股市中，就可以看作是有这样一个投资者，他总是在其他同类投资者买入股票时跟着买入，在其他同类投资者抛出股票时也跟着抛出，没有自己的投资主见，是"惰性思维"的一种体现。

这样的投资者往往会有这样一种侥幸心理：既然大家都在买入或者抛出股票，说明他们肯定比我掌握了更多关于这只股票价格未来走势的信息，那么我跟着他们买卖股票至少是不会"亏"的。

近年来，散户的投资积极性逐渐提高，成了一股不可忽视的投资力量，使得趋同性的"羊群效应"更加频繁地出现。面对由一个金融热点引发的股票价格的上涨或者下跌，这类投资者往往会在追涨时蜂拥而至，在杀跌时纷纷恐慌出逃，"羊群效应"便是这样放大了股票价格涨落的幅度，让企业的市值大幅度偏离其内在价值，加大了理性投资者的投资风险和投资难度。

正是因为股市中存在着大量的类似于"羊群效应"的跟风从众的投资模式，我们进行价值投资的过程中才更应该坚守自身的投资阵地，不能被一股又一股不理性的投资风潮或者一些捕风捉影的消息冲昏了头脑，不要让投资的脚步迈出我们的能力圈范围之外，牢记价值、忘记波动。

2. 心理账户

"心理账户"一词最早由芝加哥大学行为科学 Richard Thaler 教授提出。这个理论和"羊群效应"一样，同属于心理偏差这一大类心理现象。人们会把不同来源、不同位置、不同用途的资金在心目中作一个归类，就像开出一个拥有不同项目的虚拟账户一样。

在投资领域中，很多人都喜欢"不把鸡蛋放在同一个篮子里"的投资模式，把投资的钱分配成若干部分进行投资。先拿出一部分钱投资低风险、收益稳定的金融资产，如存入银行或者购买国债，再拿出一部分钱投资较高风险、收益不稳定的金融资产，如购买股票。

此时心理账户的作用就是把这两个金融资产进行归类，分别进行管理：前者是为了达到获得基本收益，避免投资本金亏损的预期；后者是为了获得风险收益，实现金融资产翻倍的预期。

心理账户其实就是一种由"内部视角"产生的心理现象，受到心理账户影响的投资者所做出的投资决策往往是偏离理性的。这类投资者往往会持有这样的投资观点：投资于无风险资产的钱绝对不能用来冒险，因为有到期收益保证的金融资产主要是用以支持生活的；而投资于风险资产的钱无论是赚多少还是亏多少都不会有大的触动，因为这是投资者通过心理账户规划好的，是投资计划内的。

由心理账户形成的比较固定的投资组合往往不是在特定风险偏好和市场组合条件下的最优投资组合，因而也是偏离理性人假设的。

不难看出，心理账户代表了一种充满主观思维的心理现象，受到心理账户影响的投资者对实际投资环境和投资客体的分析不足，缺乏长远的投资眼光，也不能站在全局视角看待投资问题，投资也会变得过于保守，建立的投资组合往往也不是最优的或者次优的。

因此，我们在进行价值投资的过程中，应该坚持对一些看好的企业进行基本面分析，根据企业的估值结果做出投资决策，并在长期持有企业股票的基础上灵活地调配金融资源，不断提高资金的使用效率。

3. 证实偏差

一旦人们确立了某种立场或者持有某种观点，那么在后续收集信息和处理信息的过程中，就会倾向于接受与自身立场或观点相契合的信息，而忽略那些与自身立场或观点相冲突的信息。这就是证实偏差效应所带来的。

这是典型的由"内部视角"引发的心理现象，甚至可以说是一种自利的心态，通过筛选那些对证实自己立场或观点有正面作用的信息从而提升立场或观点的说服力，进而获得一种心理上的满足感，让自己变得自信。同时，在这个过程中，那些与自己立场或观点有冲突、客观上却是有价值的信息就被浪费了。

在投资领域，证实偏差这一现象也是很常见的。例如，部分投资者对一些经过自身反复研究的股票总是有过度的好感，关于这只股票价格的所有信息都觉得是利好信号而忽视了一些关键性的负面消息，最终导致了巨大的投资损失。

当年那些投资乐视网股票的投资者，相信乐视的生态可以取得成功，却忽视了乐视产业结构中的缺陷和公司资产负债配比的不合理所带来的风险，最终导致了投资的失败。

对于那些研究得越久、持有越久的企业股票，投资者对其的态度就越难从看好转变成不看好。反过来，对于那些不怎么研究或者说企业过往的负面消息给自身留下过不好印象的企业股票，投资者也就不会轻易地去看好并持有它。

甚至投资者对自我的认知也完全有可能出现证实偏差，如有一个投资者在几年前的股市赚了大钱，可他忽视了当时股票市场正值牛市的大背景，那么他就有可能会认为是自己投资能力突出而取得了投资上的成功，这就形成了对自身投资能力的一种错误估计。

如果这位投资者这几年继续炒股，他当然会想依靠其"引以为豪"的投资能力复制当年的成功。但在多数情况下，依靠主观的经验和记忆复制投资成功是不可能做到的，因为股票价格是不可复制的，复杂恶劣的股市环境反而让这位投资者陷入困境，失去投资的信心，最终导致投资的失败。一旦投资者把投资过程中的好运气错判成自身投资能力的一部分，也就是对自身的证实偏差，往往就会对投资者带来极大的损失。

证实偏差对价值投资有什么启示呢？

首先，投资者应该关注一些逆向投资的机会。一家企业过往的一些负面消息或者失败的投资经历往往会在一些投资者心里留下烙印，从而无法再吸引到这些投资者参与投资，这就留出了许多投资的机会和余地，这家企业的价值也往往会被低估。逆向投资的思路就是，投资者仍然对这家企业保持一定的关注，特别是在该企业出现利好消息的时候给予特别关注，在适当的时机以一个便宜的价格买入公司的股票。

其次，投资者尊重投资过程中的数据并遵循自己投资的逻辑。数据是企业估值的基础，同时企业内部产业结构、负债结构的变化也能够通过数据反映出来，进行各种投资决策都应该有基本面数据的支撑并经过底层逻辑的考验，而不是根据自身的喜好对数据进行过滤和筛选，妄想取得"可以复制的成功"。

最后，投资者要拥有开放学习的态度。每一个投资者都不会是一座孤岛，人脉也是一种宝贵的资源，要时常从别的投资者身上学习他们好的投资思路，以一种开放的姿态接收新的信息，先接收再取其精华、去其糟粕，在不断学习的过程中让自己的投资能力得到不断的进步。

4. 锚定效应

人们在接触一个事物时，通常会根据之前这个事物的一个测量数值来进行记忆，当再次出现这个事物时，尽管它的数值有所改变，可是在做决策时我们还是会过多地重视之前记忆的测量数值。最常见的就是商家打折，一般会标出原价。这个原价，就是商家给我们放的一个锚，让我们不自觉地把折后价与原价比较，感觉真的很便宜，这样就非常愿意购买。

锚定效应注重第一印象，而后续的信息在很大程度上就被消解掉了。这种效应可以用来指导我们进行情绪预测、商业谈判、汇率期货、交易定价等很多方面。从锚定效应基础上产生价格判断是人类决策中的非理性的一面占上风，当市场非理性参与者较多时，锚定效应就更明显。

反之，当市场参与者中理性投资者较多时，这种相关性就会减弱。锚定效应在很多情况下并不一定能让我们正确判断。相反，需要注意的是，锚定效应恰恰可能会误导我们做出错误的决定。

在投资中，投资者买入的股票价格会成为影响他们做决定时候的"锚"。股市中的追涨杀跌很大程度上受"买入价格"这些"锚"的影响。比如，某只股票价格从 25 元涨到 30 元的时候，人们可能认为 30 元太贵了，但是如果价格从 25 元涨到 35 元，之后回落到 30 元，这个时候很多人就会觉得 30 元价格是便宜的。同样是 30 元的价格位置，人们对股市的认知会产生这样的偏差正是由于锚定效应导致的，使得投资决策背离了常识。

锚定效应在投资中很大程度上影响了投资者的决策。"锚"包括投研报告、股评家点评，这些往往都有价格预期，在不知不觉中建立了"锚"。尤其在行情大幅波动的时候，贪婪和恐惧情绪让投资者情绪格外高涨，人本能渴望获得外在的指引或认同，于是主动寻找各类信息和小道消息，形成投资决策的"锚"。

还有一种内在的"锚"，当持仓某只标的股票后，就会无意识寻找各种理由佐证自己的观点，对于不好消息选择视而不见，这个在思想上形成了根深蒂固的"锚"。当股票出现亏损时，恐惧增加，历史价位严重影响投资者的交易行为。以股票价格波动幅度为"锚"来衡量，会给投资者造成很大的误导。

对于价值投资者来说，他们应该锚定的是投资标的的价值和合理的估值，这样才能保持决策的正确和科学。

（二）投资决策时的行为偏差

偏好可以理解为隐藏在人们内心深处的一种倾向，或者是情感，它并不是直观显见的，需要注意的是，引发偏好的感性因素常常会多于理性因素。偏好有明显的个体差异，也呈现出群体特征。心理偏好被定义为由个人决定喜好物件与否的一种判别，心理偏好可能会随着时间而发生一些转变，在这些改变表现在做选择的时候，一般会显得像是无意识的。常见的心理偏好在投资中的运用有以下几种：

1. 损失厌恶

憎恨和讨厌会造成由简单联想引起的认知错误。投资者在面对相同数额的损失和收益时，等量的损失所带来的负效用是大大超过等量的收益带来的正效用的。（图 4-1）

比如，当股票指数出现大幅波动时，投资者一般都喜欢习惯性地找出所谓的影响事件来对股市大幅波动进行分析解读并以此做出反应。还有一些散户投资者对各类消息和事件的反应容忍度很低，一点点的波动都会让他们焦虑不安和过度反应。

这种为随机波动都寻求解释的心理习惯会导致散户投资者不断频繁交易，从而减少了长期盈利的可能性。损失厌恶现象的存在恰恰反映了投资者普遍存在的一种心理偏好：在面对损失时，投资者的态度是风险寻求，在面对收益时，投资者的态度是风险回避。

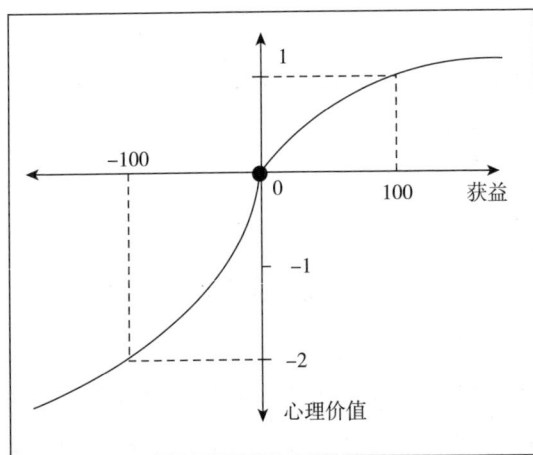

图 4-1　损失厌恶

资料来源：https：//www.toutiao.com/article/7156222564174643720/？channel=&source=search_tab。

　　我们通常会握住亏损（错误）的股票仓位不放，模糊地憧憬有朝一日能迎来大涨翻身之日，通过不及时卖出已有的亏损股票来逃避面对自己已经犯下的失败决策。实际上，这样却造成了另外的潜在失误，因为如果不果断卖出错误的持仓，就等于放弃了另一个更好可以重新安排买入获利的良机。

　　损失厌恶这一心理偏好现象会对投资者带来那些影响呢？最常见的一个问题就是"卖盈持亏"，也就是卖出带来盈利的股票，持有带来亏损的股票，这是不是听起来不可思议？

　　但这样的投资行为恰恰是普遍存在的。查理·芒格曾提过一个自己亲身经历的例子：芒格的一个做股票经纪人的朋友想以一个极低的价格卖给他 300 股贝尔里奇石油公司的股票（当时该股票的换手率极低），而每股的股价为 115 美元。第二天，那位朋友又想以相同的价格向芒格出手 1500 股这家公司的股票，芒格考虑到加仓需要动用其他资产来筹措现金，于是便拒绝了。然而，不到两年，这家公司就被壳牌集团收购了，公司股票的价格也上涨到了 3700 美元。当芒格回顾这次经历的时候，他将他的失误归结为陷入了损失厌恶的陷阱，过分在意短期的流动性的"损失"而忽视了这家公司潜在的长期价值的"获得",以至于自己少赚了540万美元。

我们可以想想,如果在每10年中,有三年出现负收益率,但这三年的负收益率就足以吓跑投资者,让他们对价值投资敬而远之。所以说损失厌恶是阻碍人们成为价值投资者的罪魁祸首。

投资者应该学习如何应对损失厌恶这一心理偏好:首先,就是要改变"卖盈持亏"的投资模式,尽管短期内未来股票价格的走势是难以把握的,每一个股价反转的时机不可能都被精确地捕捉到,但是作为价值投资者至少应该做到的是,尽量以相对便宜的价格买入公司的股票并长期持有,只有这样才能降低亏损出现的概率;其次,提前制订好股票的操作规则和计划,并按计划严格执行,不频繁看盘,在股市动荡时也要保持理性思考。

2. 禀赋效应

对于人们已经拥有的某件物品,与需要花钱购买的同样物品相比,人们放弃这件物品的要价要比自己愿意支付的价格更高,这就是禀赋效应,也被称为损失规避。

我们大多不愿意再去改变已经决定了的事情,禀赋效应经常会让我们产生"安于现状的倾向"。由于在等量的前提下,放弃的负效用是大大超过获得的正效用的,因此,"放弃"这一行为就会要求更高的回报作为补偿,具体就表现为同一种物品在被放弃时的卖价会高于获得时的买价。

禀赋效应会加强人类对某一偏好的继续偏好,而且赋予它额外价值,这种价值是区别于外界客观的个人感情附加值的。在投资者长时间持有某一只股票时,其持有的时间越长,股票价格越涨,那么投资者的禀赋效应就会越强。在这种情况下,再好的公司也会偏离其价值,并且会凸显同行业其他公司的价值洼地。

在股票投资中,禀赋效应会对投资者的理性判断产生重大影响。在禀赋效应的影响下,投资者在信息的获取上偏向于选择性获取,往往只喜欢看跟自己认知相符的文章，不喜欢看与自己认知相悖的文章。

在个人情感因素的影响下，禀赋效应为投资标的带来了光环，投资者往往只认可所持有股票的正面消息，而忽视它的负面因素。我们常常在网上看到有关个股的讨论，参与讨论的投资者往往会分成两派，他们互相攻击，彼此都听不进对方的意见。

事实上，一个投资标的的缺点和优点都是客观存在的，禀赋效应会阻碍投资者建立正确的认知。对于投资者而言，如果不能从正反两个方面去理解所投资的公司，我们的认知往往就不够全面。

我们要懂得克服禀赋效应，最重要的是做理性的分析和决策。在分析公司的时候，我们应该放下心中的成见，避免建立先入为主的认知。我们应该把从正反两方面认识事物作为自己的认知方法论，不管投资什么公司，最好事先了解该公司的优点与缺点，避免过度放大优点而忽视缺点的倾向。

另外，我们要建立一套逻辑性强的投资系统，且严格遵守投资纪律。禀赋效应往往使人们对已拥有的东西进行过度的美化，这是妨碍我们在投资中做到知行合一的重要原因之一。因此，我们要把投资体系、投资纪律当作自己的信仰，切不可随意破坏，这样才能真正地做到知行合一，避免禀赋效应的不利影响。

3. 模糊厌恶

模糊指代的就是一种不确定性，也是一种投资信息的缺失，随之而来的就是投资风险的增加（不是说风险从无到有，而是风险变得更大）。

模糊厌恶存在这样一种心理偏好：投资者往往会选择那些投资信息更加完整、可以分析收益—风险结构的投资产品进行投资，而非选择那些存在信息缺失、存在较大投资不确定性的投资产品，其实就是一种对于不确定性的回避。对于大部分人而言，已知总是比未知更受欢迎。

模糊与风险并不是一回事。风险投资对于投资者而言，其实并不是无法掌控的，投资者也许可以知道投资产品的现金流分布、折现率等结构信息，用购买期货等手段对冲风险从而降低其带来的影响；但是对于不确定性，那就是完全的未知，投资者往往不知道相关的一切信息，因此面对模糊带来的巨大风险，投资者是无能为力的。

事实上，当模糊出现时，投资者最好的选择往往可能是敬而远之。举个例子：甲、乙两个箱子各装了100个小球，其中甲箱装了黑球、白球各50个，乙箱的黑白球占比则是"模糊"的。让你选择一个箱子并摸出一个球，倘若你摸出了黑球，则能获得奖励，你应该选择哪个箱子进行摸球？

绝大部分人会选择甲箱子摸球。尝试改变一下规则，倘若你摸出了白球才能获得奖励，你应该选择哪个箱子进行摸球？绝大部分人还是会选择甲箱子摸球。从结果来看，第一次选择甲箱子进行摸球似乎是认为甲箱子中黑球的占比会更高（也就是说白球的占比会更低），那么摸球人就会有更高的概率摸到黑球并获得奖励；而第二次以摸到白球为目标的话，不是应该不选择甲箱子摸球吗？继续选择甲箱子摸球不就出现前后逻辑上的冲突了吗？

其实不选择乙箱子不是因为他的黑白球占比相较于甲箱子而言如何，只是乙箱子的摸球概率是未知的、模糊的，我们在模糊厌恶的作用下才会更喜欢选择甲箱子进行摸球。但是选择甲箱子就一定能获得奖励吗？

那也未必，即使是摸球概率已知的情况下，摸球这一行为也是存在风险的，即选择甲箱子摸球也未必能获得奖励，但是风险就是比模糊不让人讨厌，所谓"两害相权取其轻"，大概说的就是这个道理。

投资领域有很多问题就属于不确定性的范畴，这无疑会对投资者的投资判断与决策造成很大的干扰。当市场充满难以消化的模糊信息时，过去股价变化模式的参考价值会大大降低，当前股价的走势将会充满不确定性。

此时，投资者就容易产生模糊厌恶的投资情绪，随着这种情绪的积压，投资者变得缩手缩脚，股票市场的流动性会逐渐下降，甚至可能会出现"闪电崩盘"的情况。

当市场的流动性缓慢下降到一个阈值之后，会突然大幅度地下降，原因是投资者在积累一定程度的负面情绪之后，会以更大的买卖差价来对冲风险，此时那些原本还能接受交易的理性投资者也会因为价格不合理而退出交易市场，最终导致无论是非理性投资者还是理性投资者都不愿再参与股票交易，股票交易开始停滞。

例如，2021年俄乌战争对我国股票市场是带来了流动性上的冲击的，"俄乌战争态势会不会进一步升级、欧美国家对俄罗斯的经济制裁会不会波及中国企业"这一判断对于投资者而言是模糊的，由模糊厌恶导致的股票市场流动性危机的蔓延可能就是当时港股和中概股挣扎的原因之一。

面对不确定性，我们要学会理性思考，并采取最小验证、快速迭代的行动方法，逐步清除模糊、拆解其成一个个能完成的小目标，以获得我们想要的结果。

4. 沉没成本

沉没成本，指基于曾经已经发生了的决策，而不愿意由现在、将来的其他决策改变的成本。所以，沉没成本是一种历史成本，对现有决策而言却是不可控成本，会在很大程度上影响甚至是左右投资者的行为方式与决策。沉没成本像一个巨大的引力场，让身在其中的人很难做出及时止损的决定，进而全身而退。

在沉没成本前，我们最容易犯的错误就是对"沉没成本"过分眷恋，总想等着挽回已经发生但是无法挽救的沉没成本，从而做出一些不理性的行为，延续原来的错误，却导致更大的亏损。

在投资中，有些投资者买入股票后有时会遇到严重套牢、亏损的情况，如果不懂得跳出思维误区及时止损，不愿意看到投入的资金产生亏损，还一个劲地补仓希望回本，结果导致亏损越来越大。当意识到自己犯错的时候，亏损实在是太多了，而且短期没有任何改善的迹象，投资者为了"心理账户"上所谓的"摊低成本"，就做出"错上加错"的决定。

在做投资决策时，我们应该基于当下的实际情况和未来的收益做出最明智的选择，不应该总是纠结过去已经不能挽救的沉没成本。所以，在做决策时，我们要忘掉已经付出的沉没成本，不要被过去的付出成本影响新的决策。我们经常说，任何时候的持有等同于买入。

运用行为金融指导投资，让投资者规避风险，获取良好收益。我们在整个投资过程中，要学会识别心理因素对自己、对他人及整个金融环境的影响，理解人们在投资的不同阶段会产生不同的心理或行为偏差，这样才能减少我们在投资决策中的失误。

索罗斯说："只有掌握住群众的本能才能控制市场，即必须了解群众将在何时、以何种方式聚在某一种股票、货币或商品周围，投资者才有成功的可能。"

二、心理学与投资

> 保持理性、保持常识，顺其自然，拥抱一切你所面临的挑战。
>
> ——查理·芒格

心理学在投资方面有三种核心应用：一是对于股票波动尤其是异常波

动所做决策的检视作用，二是对企业管理层所做决策的判别性作用，三是对消费者行为的洞察作用。投资决策究其本质是人类的一种心理过程，只有充分了解和掌握其中的规律，才能跨越投资决策的心理误区，避免多数人的错误，并且识别他人的错误，从中捕捉到机会。

有些错误是因为投资者没有正确的投资理念和分析方法，或者对市场缺乏充分的了解，或者获取信息过于滞后等原因造成的。但是很多时候的错误是因为投资心态造成的，投资心态出现了问题，导致了投资上的失败。

投资心理学则是对人类在投资过程中表现出来的各种心理弱点和误区进行全面深入的分析，使投资者了解大众投资的心理误区，了解自己在投资操作中的特点，战胜自己的心理弱点和情绪困扰。就好比一面镜子一样，可以帮助我们找出人性深处那些不适于交易的部分从而改变、优化自己的投资决策习惯。是的，小改进、大不同。

（一）自知者明，自胜者强

罗素曾经说过：这个世界的麻烦有时是因为狂热的人和傻瓜都对自我总是保持高度肯定，而智慧之人内心却总是抱有疑惑。芒格也有过类似的表述："最重要的是，别愚弄你自己，而且要记住你是最容易被自己愚弄的人。"

1. 人类认知四阶段

人类的认知有四个阶段（图4-2）：第一阶段为"不知道自己不知道"，95%的人处于这个阶段；如果能够承认"知道自己不知道"，已经跨入第二阶段4%的人群中；"知道自己知道"，已进入了0.9%人群的第三阶段了；认知的最高境界是"不知道自己知道"，能够达到的人风毛麟角。投资就是认知的变现，认知的深度决定了投资的境界。

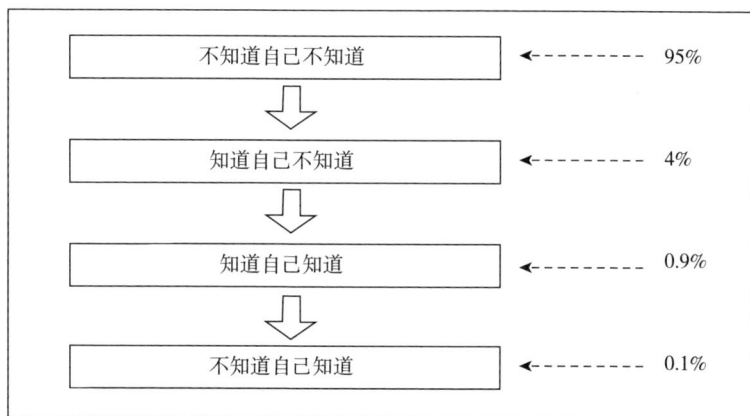

图 4-2 人类认知的四个阶段

美国著名的心理学教授邓宁和克鲁格在 1999 年发表了"邓宁-克鲁格效应理论"，该理论形象地指出能力欠缺的人在自己考虑不当的基础上容易得出错误结论，也无法正确认知自身的不足之处，并理性分辨谬误行为的认知偏差现象。(图 4-3)

这里也同样阐述了人类认知的四个阶段：自信爆棚冲上愚昧之巅，自信崩溃跌入绝望之谷，重塑自信走上开悟之坡，稳定自信永驻持续平稳高原。

邓宁-克鲁格效应提出要关注人们的自我认知能力，其中最为人所熟知的一个结论是：在某项任务中表现差劲的参与者更倾向于过高评估自己的表现。同样，能力杰出者他们也倾向于认为自己所掌握的知识和技能也更可能为他人所掌握，因而会低估自己的实际表现。

这也是认知偏差中的"过度自信"，就是投资者倾向于高估自己实际知识水平，低估风险并夸大自己对事件的掌控能力。过度自信产生的很大一部分原因是人们很容易把成功归因于自己的能力，而把失败归因于外部因素，尤其是在行情的走向符合他们预期的情况下，就会强化这种偏差。而且过往的投资成功会进一步强化其过度自信，进而做出非理性决策。

邓宁—克鲁格心理效应（Dunning-Kruger effect）

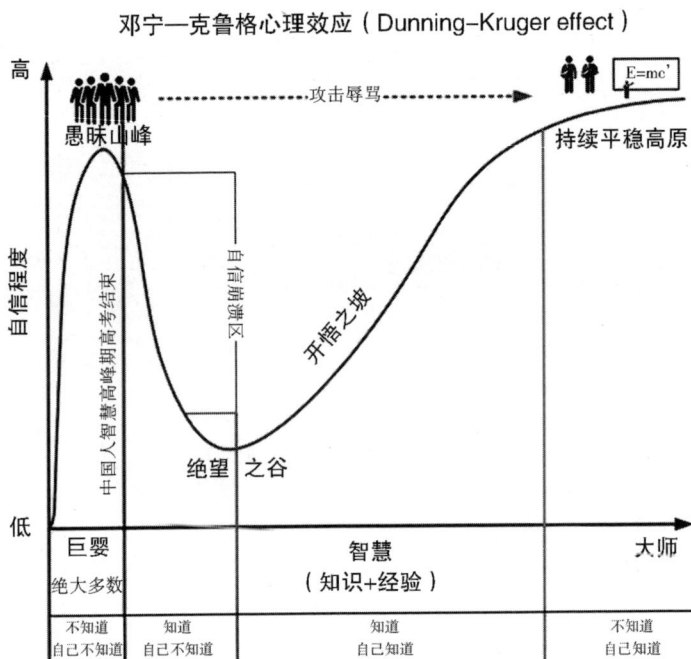

图 4-3　邓宁-克鲁格心理效应

资料来源：大卫·邓宁《为什么越无知的人越自信》。

图 4-4 展示了不同类型投资者的过度自信程度。基金投资经理、股评家、市场分析师与个人投资者对比，他们总觉得自己完全有能力做到长期跑赢甚至是超越大盘指数。而个人投资者特别是散户自信程度比较低的原因在于散户总是感觉自己缺乏专业投资理念和相关追涨杀跌技巧，所以在交易的过程中表现出自信心不足。

所以，不管什么类型的投资者，都要做到始终对市场保持敬畏，要保持开放兼容的投资胸怀，要坚持深度研究，持续认识投资，恪守自己的能力圈。这个过程需要极度透明的自我审查和谦虚的心态。

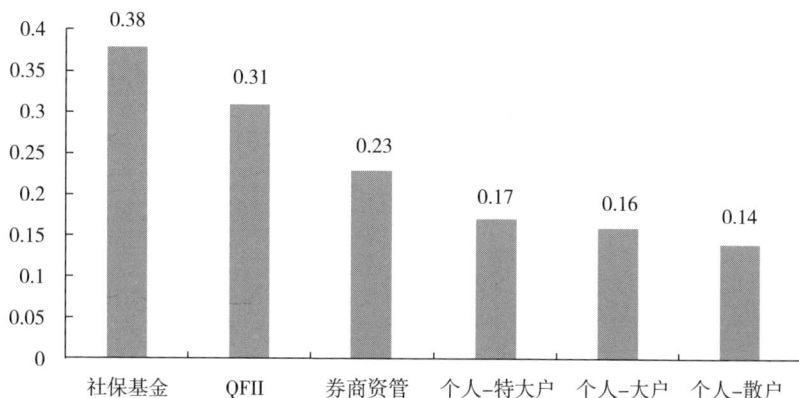

图 4-4　不同类型投资者的过度自信程度

资料来源：上交所，东方财富证券研究所。

在许多领域，能力不足者在评价自己的个人能力时会面临着认知与元认知的双重困境：解决问题所需的技能的同时也是评价自己的表现所需的技能。

这是一个慢慢重新构建认知的过程，也是对思维模式进行重构的过程，长年累月，一点点成长进化而成。投资大师也是在不断重构的过程中慢慢完善自己的投资认知，提升投资能力，实现投资大师之路。

2. 战胜自己

芒格说过："在生活中不断培养自己的理想性格（投资性格），毫不妥协的耐性，自律自控——无论遭受多大的压力，也不会动摇或者改变原则。"在投资中，战胜自己就是要保持理性和自律。

投资者在投资中经常是处于非理性的状态，其任何投资行为都是个体局限性下的理性。保持理性就是要对抗不谨慎，少犯错误。因为投资不在于短期多优秀，而在于长期能够守纪律，不被淘汰，"剩"者为王。股神巴菲特一直强调：投资的第一条原则是保住本金，第二条原则是牢记第一条。

同时，保持理性还要学会对抗愚蠢。芒格说："如果仔细考虑那些我们错失的机会，你会发现我们自己的愚蠢所造成的麻烦比别人蓄意破坏所造成的麻烦要多得多。所以我们要持续不断地对抗愚蠢。这是一件非常具有建设性的事情，也很有趣。"

一切成功交易的唯一保障就是能够严格地执行交易纪律，控制自己的欲望，严格地执行交易计划，不受市场情绪的影响，逆向投资，"反过来想，总是反过来想"，莫在顶峰慕名来，莫在低谷转身去。

正如《道德经》中说："胜人者有力，自胜者强。"如果你有力量，你可以战胜别人；如果你能了解自己、战胜自己，才是一个真正强大的人。

（二）群体心理学在投资中的运用

投资是反人性的，投资者是一群有着相同心理需求的人群，从群体心理学的角度来分析投资者的投资行为，著名的群体心理学著作——《乌合之众：大众心理研究》（古斯塔夫·勒庞）定义群体为一群并不一定相识，但有共同的心理诉求的人群。资本市场实际上是一个在空间上独立但在行为上一致的群体，市场中所有人都是为了获取收益而聚集在一起的，所以在这个市场上的每一个人都会受到整体市场和其他人情绪的影响，即使是最聪明的人也难以独善其身。

个体在融入群体当中时，常常会失去自我的意识，从而心性大变。同样的情况，群体形成的情况也不容乐观，不管曾经是多么睿智的人，一旦集聚起来，通常的结果是变成群体无意识，很容易受到他人的蛊惑和影响。而独立思考能力丧失，即使比较聪明的人受到群体的意识影响也会做出错误的决定。投资者要学会应用和鉴别出这种群体心理。

18世纪英国南海公司的泡沫就是一个典型的例子，伟大的物理学家牛顿也没有摆脱群体意识的影响。在市场火热群体疯狂投资的时候，他也参与其中，结果泡沫破灭，亏掉了他10年的积蓄。投资失败后，牛顿说出了那句名言："我能计算出天体运行的轨迹，却计算不出人们内心的疯狂。"（图4-5）

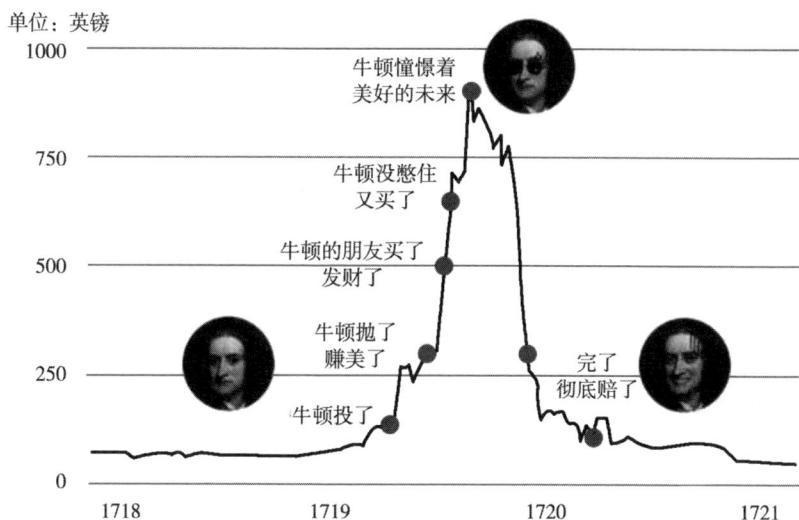

图4-5　1718年12月—1721年12月南海股票走势图

数据来源：Marc Faber，Jeremy Grantham，Sir lsaac Newton。

历史上各种投机行为都是源于群体的轻信和偏执。无论是17世纪的荷兰郁金香泡沫狂潮，还是18世纪英国的南海公司骗局，美国的互联网泡沫，或是20世纪有名的日本股市和房产泡沫，根源都是少数人成功后，把成功情绪在市场上传染，其他人受到暗示，开始效仿、轻信和盲从，疯狂进入，进而引起整个市场群体的偏执。所以，我们也会看到，在A股历次的股灾前，都会有各种6000点、10000点不是梦的断言和重复的言论，这些都是群体偏执、夸张、冲动的典型表现。当泡沫破灭之时，市场的恐慌和冲动的情绪同样也会爆发，让很多财富灰飞烟灭、很多人濒临破产。

1. 群体思维占主导

人一到了群体之中，智商大多会快速降低。为了得到集体的认同，个体放弃明辨是非，拿智商换取那份让人倍感安全的认同感和归属感。他们不再善于推理，却又急于行动。群体只会干两件事情：锦上添花和落井下石。他们丧失了主动思辨的能力，自然也就无法判断事物的真伪，一些经不起推敲的观点，都能很容易地获得广泛赞同。

许多有相同心理需求的人汇聚在股市中并形成了群体心理效应以后，其思维上的表现是极其简单的，缺乏常识和逻辑性，甚至表现得相当愚蠢，智慧被愚蠢的洪流淹没。他们更容易偏信一些信息，不愿做分析判断，不关心这些信息是否正确，更不愿意考证和讨论。尤其是当投资者发现一个他们认为估值偏高且不具备投资价值的股票每天涨停的时候，市场每天很多"可靠"信息不停传播，股票受到越来越多群体的关注和追涨加仓，之前持观望态度的投资者会立马改变立场加入多头阵营。

越简单的主张越容易获得大众的认可；证据和推理看上去越贫乏，它就越有威力。由于群体总体智力下降，这种群体心理特别容易被误导。投资就是不去人多的地方，因为你不管站在哪堆人群之中，都有可能成为"傻子"，即便是专业机构投资者，哪怕他们是身经百战，但是当他们聚集在一处，一致看往一个方向的时候，悲剧常常随后便会发生。

2. 警惕暗示流言

暗示以含蓄、间接的方式向他人发出某些信息，让人在不知不觉中丧失抵抗力，然后顺从地接受某种建议或观点，从而影响他们的心理活动、认知和行为。

股票市场历来都充满了高风险，浸染之中的人对信息都非常敏感。投资者身处市场之中，时时刻刻都能听到各种各样的消息，对其行为产生影响。市场也会经常对各种概念题材进行炒作，炒作起来的各类"概念或题材"，大都先由一些机构主力发掘，再加上不良居心股市分析师的大肆鼓吹渲染，小道消息经由不同媒介而流传于投资市场，然后散户疯狂进入买卖，消化这些概念，紧追市场炒作的热点。

流言是影响市场的另一种形式，流言在股市中发布消息的真实性很难界定。它在传播的过程中内容会不断发生变化，甚至扭曲，这些所谓的内幕消息在股市这样一个即时波动的投机市场有了广阔的发挥空间，其所引起的一系列连锁反应也很快速。股市信息的传递又不对称，导致人们获取市场信息的途径不同，差别较大。这时候，不良机构会故意制造各种流言，浑水摸鱼，达到操纵股价、非法营利的目的。

3. 情绪传播感染效应

感染效应的过程潜移默化，通常指个人情绪反应容易受他人或群体的影响，随后个体会对他人或群体的一些心理状态不由自主地跟随或遵从，这是一种群体心理效应，需要我们保持警惕。在投资市场中，这通常体现为投资人群心理与操纵手法的互相影响。

这种影响效应是通过传播某种情绪来实现的。由于市场的参与者各种各样、性格各异，但是有一个相同的动机就是追求利益。处在股市行情之中，投资者往往会受到来自群体情绪的影响，自我意识逐步被淹没。比如行情好的时候，到处都是乐观情绪，一些之前不太看好的投资者，也被这种情绪所感染，加入看多的行列。同样，由于利空消息卖出时，恐惧的情绪就会蔓延开来，越来越多的投资者看空行情，选择卖出。

在群体效应之下，个人失去独立思考和判断的能力，盲目跟风，受群体情绪左右，进而做出盲目的投资决策。所以，历史上很多投机狂潮的掀起在很大程度上都是由于人们受到群体感染效应的影响，我们说市场"追涨杀跌"现象基本也是由感染效应导致的。

由于金融市场是一个对信息非常敏感的场所，一些来历不明的"小作文"所谓的"内幕消息"经由各个媒介的渲染，很容易对投资大众产生作用，因此，要警惕的是感染效应对整个投资群体造成的负面影响。

（三）误判心理学在投资中的运用

误判心理学也可以理解为一种逆向的思维模式，它研究的并不是如何让人们变得更成功、更有钱或者是更幸福。相反，它主要是研究到底是哪些心理反应让我们做出了错误的、非理性的决策。美国著名投资大师芒格也说过：如果你想避免非理智行为，最好要对自己大脑中的偏见非常熟悉，然后才能时时警惕和预防。这种逆向思维的方式运用在投资中起到了关键性作用。

人是社会性动物，既能自动观察周围的情况，又受他人行为的影响，在人类不断进步、学习知识的过程中，以下两种思维习惯至关重要。

第一，"反过来想，总是反过来想"，先收集各种错误判断的例子，避免面临这些下场。

第二，"收集错误的例子，无论不同的行业、不同的学科之间的界限，不知不觉间，实现了跨界"。

大脑即使处于相对清醒的状态下，有时也会错误地判断感知到的事物。可以这样说，大脑并非所有时候都好，当然也不是所有时候都不好，它们只是思维的一种快捷方式，这是亿万年进化所得的本能。正是由于这些快捷方式，导致了人们的误判和偏见，在股市中追涨杀跌。

1. 惰性思维倾向

著名心理学家丹尼尔·卡尼曼在其著作《思考，快与慢》中提到，人有两套不同的思考系统：第一套是直觉系统。它依赖人的直觉，不怎么消耗脑力，运行起来非常快，可以称为"快系统"。第二套则是理性系统。它更多有赖于人的知识、理性、刻意思考等行为，运行起来当然需要消耗大量脑力，常常显得比较缓慢，一般被称作"慢系统"。

懒惰是人脑的天性，通常不想多花注意力。在这种惰性惯性之下，人脑更多地愿意完全接受快系统的反馈。直觉式的快思考往往便成了决策的主宰力量。对快系统的习惯性依赖，会引发一个严重的后果——习得性偏见和判断错误，比较典型的就是以下"三种偏好"以及"四种效应"（即光环效应、锚定效应、框架效应、禀赋效应），让我们一起来重点分析。

（1）典型性偏好：当人们过度重视某类典型的事件，却忽视了其背后的分布概率。在金融市场中，投资者根据最近的典型数据或相似的通用模式来预测未来的走势，而忽视了历史总体数据和当下大的环境。

（2）可得性偏好：你是否曾经发现，一件事情如果常轻易出现在大脑里，你通常就会认为这件事情更容易发生。例如，股市在一段明显上升的周期中，市场一片火热现象，进一步迎合大众情绪，各种机构和媒体就会争相报道有利于股市的利好因素。当投资者感受到这种情绪就非常容易做出判断，股价肯定继续上涨。

（3）因果性偏好：喜欢对事物强行进行因果解释，而不管是不是正确。比如，股市中某一只或者某几只股票的价格上涨，可能是出于偶然因素，但是大家偏要深入分析。结果，这种本来偶然的上涨成了某个理论的坚实论据。

惰性思维还会引发过度自信这种非理性的行为，很多人会认为自己知道的事实远比真实知道的要多，他们处理信息的速度和效率优于他人。在投资中，这是一种非常糟糕的心理特质，他们认为自己可以发现分析过程中被忽视的信息，并可以从中获利。这是非常愚蠢的想法。

大多数投资者都饱受着这种非理性思维特质的折磨。他们认为自己频繁交易的投资行为拉低了投资收益率，而自认为的低买高卖最终演变成了低卖高买，他们希望把握最佳时机反而演变成了低投资回报。

有一个经典的火鸡案例：

刚开始火鸡在棚子里，每天清晨农夫都会带上一碗大豆来喂它。多天过后，火鸡就养成了一种习惯，每天清晨只要听到农夫走近鸡棚的脚步声，它就知道又到了吃饭的时候。慢慢地，火鸡适应了这个规律：只要农夫一来，就是享受大餐的时刻。随着时间的流逝，很快到了感恩节，农夫还是像往常一样来到鸡棚，火鸡也是像往常一样等着开心用餐。然而，可怜的火鸡没有想到的却是，这一次农夫手里拿的是一把菜刀，而不是往常的大豆。因为感恩节来了，农夫需要杀鸡庆祝节日。这只火鸡，到死可能也没有明白，为什么"农夫来，有大豆吃"的规律失灵了。火鸡故事的本质是直觉快系统、惰性思维等多个心理学陷阱带给我们的多重思考。

2. 受简单联想影响的倾向

人类的大脑很多时候都会短路，很多决策都不经过大脑，像条件反射一样。人的反射一般有两种：第一种是斯金纳操作条件反射，是一种结果促进行为的反射，比如你上班迟到没打卡未受惩罚，未受惩罚这个结果会促进迟到这种行为频繁发生。另一种条件反射是由简单联想引起的。

在投资中，投资者对企业进行调研，在调研过程中，很多因素会让投资者潜移默化地产生偏见，受简单联想影响的倾向力量非常强大。如果上市公司招待周到、态度友好、沟通详细，投资者会潜意识倾向给这家企业打高分；一个公司产品好、服务好、总部好、对投资者态度好，我们潜意识里就会倾向于给这家公司打更高的分；还有和上市公司董事、监事、高管的沟通，如果没有前期充分的准备，很容易被当面的沟通印象所误导，进而给直接沟通的印象赋予很高的权重。在调研访谈中，如果样本不够多、代表性不够，投资者也容易以个别情况推及整体，犯以偏概全的错误。

投资分析还容易犯的错误是线性外推，也是简单联想的错误。根据公司过往业绩，不管它是靠运气得来的，还是靠能力得来的，如果只是简单线性外推预测未来，这样就可能犯严重的错误，尤其是在大涨行情中做增长率的线性外推，更是会错得离谱。很多财务造假的公司，股票越涨，投资者越认为它是一家好公司，而对公司的基本面和财务情况视而不见，像乐视网、康得新、康美药业等，投资者都犯了简单联想的错误。

简单联想的实质就是经验主义、类型化思考。我们要诚实地看待自己过往的成功，注意避免由于过去的成功经验而做出错误的决策。投资者要找出偶然概率和机会因素，以免受到这些因素的影响，从而放大后续新行动能够成功的分布概率；同时，培养科学的思维方式，严谨、客观地分析，增强逻辑链接，看到事情表象背后的本质。

3. 延迟满足和短期定式思维

延迟满足就是一种愿意得到更有价值的长期结果从而选择放弃即时满足的短期思维，同时要在等待期中表现出来自制能力。同时，这也是个体完成各种计划目标、协调人际关系、学习进步、成功融入社会、发挥专长的一个必要条件。很多时候，人们容易受即时回报所诱惑，而且会重复这种行为，这些即时利益未来会产生不好的后果，让自己置身于陷阱之中。

在投资中，短线频繁交易总是让投资者欲罢不能，而且很多人痴迷于短线的频繁交易。这种短期的定式思维本质上与大脑中的一种神经传导物质多巴胺有关，多巴胺刺激带来快感，传递兴奋和开心的信息。

美国心理学专家曾经做过一个著名的"糖果实验"。专家让几十位小朋友坐在一个实验的教室里，桌子上放满他们爱吃的糖果。同时专家制定了三条规则：

（1）小朋友们可以自由选择马上吃掉糖果，但是没有奖励。

（2）也可以等到专家回来吃，但是会得到一块糖果作为奖励。

（3）也可以选择不等专家回来，可以去按铃，专家马上返回，小朋友可以吃糖，规则是要放弃第二块。

这个实验影响深远，数年以后追踪发现，当时那些选择等待的孩子，后来往往更有耐心、更自律，当然职业发展成功的比率更大。

为了长远的目标选择隐忍的孩子，其实不断地在磨砺自己的心智，提高抵抗诱惑的能力。

他们与欲望抗衡，忍住了冲动，为未来追求高价值的成果做铺垫。

当投资者进行频繁交易获得盈利，脑内就会分泌出多巴胺，让投资者产生高度的兴奋。如果这种兴奋反复出现刺激大脑，投资者就会对这种记忆难以忘怀，他们希望能够抓住没有一个波动、每一个涨跌的机会，频繁操作寻求获利机会。这种投资心理在股市上是百害而无一利的，这种即时满足和短期思维定式让投资者完全失去了理性。

面对这种情况，投资者要理性进行投资，锻炼自己的"延迟满足感"，慢慢变富。它让投资者可以规避很多当下的诱惑，不为短期的波动所影响，坚持价值投资和长期投资，谋定而后动。

4. 奖励与惩罚反映倾向

美国的杰出人物本杰明·富兰克林曾经说："如果你想说服别人，一定要诉诸对方利益，而非理性。"芒格也讲到，这条玉律是生活中伟大而简单的一条指导：永远不要在应思考激励机制的强大力量的时候思考任何其他东西。

人的本性都是趋利避害的，我们每个人都觉得自己完全明白惩罚和激励机制在改变习惯和认知方面很重要。但事实往往不是这样子的，这一心理倾向的威力大到超乎绝大多数人的想象。

但是太过强调激励机制的超级威力也有缺陷。它容易引起偏见，有些人因为在激励机制的驱动下做出一些不道德的行为，或者钻各种制度的空子，他们在做坏事的时候会觉得自己是正当的。

对于投资者个人来讲，路径依赖是一个很大的问题，很大程度上也是因为过去的奖励经验导致了心理误判。如果一种方式一直得到奖赏，激励的力量很大，人们就会一直使用那种方式。投机者、赌博者如果通过投机、赌博一直能赚钱，如果不是遇到重大挫折，那他们就很难改变投资理念；"捡烟蒂"如果一直能赚钱，要跳跃到投资于优秀企业，也是很大的难度；做空赚大钱的人，一辈子都在寻找下一次成为大空头的机会。

投资者要时刻反省自己的经验和教训，哪些是经验主义、哪些是科学可持续，打开新思路，这样才能不断提升自己，否则就容易陷入个人经验的沼泽地，无法持续提高自我。

5. 喜欢/热爱倾向

投资者会受到自己情绪的影响，对有好感的事物容易忽略其缺点，并偏爱那些能够让自己联想起热爱对象的人、物品和行为。

这种倾向比较容易造成不好的后果，它更像一种类似心理调节的工具，能够促使我们：

（1）忽略不见我们热爱事物或对象的一些明显缺点，并且青睐有加。

（2）偏爱那些常常能够使自己联想起热爱对象的人、场景、活动、物品等。

（3）为了热爱不惜扭曲事实。

有可能引起热爱和让投资者仰慕的人通常能够发挥榜样作用，并可能达到较好效果。

在金融市场中，投资者买入某只股票后，往往会越来越看多这只股票，尤其是取得一定收益后，往往会爱上自己持有的股票，过高评价其所作所为，更容不得他人的负面评价。投资者忽略股票本身的问题和风险，就算基本面发生了变化，也充耳不闻，最后免不了接受价值毁灭的事实。

面对这种倾向，投资者要保持理性和常识，以旁观者的角度来审视当下的现状，要让自己保持大脑清醒，看清楚问题，避免因为热爱而失去理性判断的能力。

6. 简单的、避免痛苦的心理否认

心理否认是人类的心理防御机制，能使个体从难以忍受的思想中逃避。心理否认表现为通过无意识的拒绝承认现实，似乎那些造成痛苦和焦虑绝望的事件从未发生过。心理否定机制让我们看不清问题，无法寻找失败的原因，从而一再犯错。

投资中，很多投资者亏损不愿意割肉出局，即使发现很可能是判断错误，内心还是抱有侥幸心理，不愿意面对错误。对于那些本来可以抓住、却错失的投资机会，不愿意认真分析原因，否认自己的错误；同时，不肯承认自己水平差，在初级阶段要去做高级阶段的研究和决策，如以高估值买入所谓的伟大企业。

面对这种心理否认，我们要坦率地面对现实，即使现实难以让人接受，只有将全部事实考虑在内，做出分析和决策才能更加客观。芒格说，未必有希望才能够坚持，能做到这一点的人非常可敬。所以，很多时候并非看到希望才坚持，而是坚持了才能看到希望。

三、哲学与投资

> 投资不仅仅是一种行为，更是一种带有哲学意味的东西。
>
> ——约翰·坎贝尔

哲学是指对人或事物有系统性的反思，很多事情做到顶级都是哲学的

境界，宇宙中有三个伟大的力量：科技、哲学和宗教，哲学介于科技和宗教之间。

哲学的所有目的是追求真理，可以帮助我们提升自我认知，也能把人的心灵从狭隘的偏执中解救出来。苏格拉底曾经说过："未经思考的人生，是不值得过的。"一个未经哲学熏陶的人，他的终生可能都会被限制在各种偏见中。

所以，哲学使我们对将来可能得知的事物不断地进行思索，使我们保持谦逊；让我们敢于打破传统，不断拓展我们认知的边界，不断提升改变我们对世界的看法，培养自己对事物的批判性和创造性的思考，透过现象可以看见本质。

在投资领域中，投资就是认知能力的变现，不断地打破自己思维的藩篱，通过审视自己的思想和行为，更好地了解自己的想法、动机，形成最基本的自我认知，降低教条式的自信，保持好奇心，探寻投资的真相。

投资哲学是关于投资的一种智慧，它是一种专业思维高度的优化，是对交易世界的诠释，是各种买卖交易行为的底层逻辑，是投资者免受市场情绪干扰波动的定心剂。它通常是由基本原理和交易原则构成，用以指导我们的买卖行为。投资哲学看似虚拟抽象，却有极高的实用价值，它的背后是对经济发展、市场结构、经济学、人性及人的行为的看法。

"你怎样信仰，你就怎样生活。"在投资中的表达就是"你怎样信仰，你就怎样投资"。买卖交易行为的本质就是投资者专业理念的展开和运用，拥有一套投资哲学是长期交易成功的根本要素。卓越成效的投资大师们都很重视投资哲学的系统建设，那些我们熟知的顶尖投资者们，他们留给后人的与其说是财富，不如说是投资哲学，带给我们高深的智慧和指引。

（一）第一性原理

第一性原理最早是由亚里士多德提出。他阐述："在每一个系统的探索中，存在第一性原理，它是一个最根本的命题或假设，不能被省略或删除，也不能被违反。"它不采用类比或者借鉴的思维来猜测问题，而是从"本来是什么"和"应该怎么样"出发来看问题，通过逻辑推理，一层层拨开事物的表象，抓住本质，然后再一步步往下推演。第一性原理作为系统的根基性命题的地位始终都是无法撼动的。

从第一性原理出发，通过逻辑思维的拆解，推导出系统的基本原理，再打破原有的组合，重构认知，找到新的路径，去建立更好的系统，原先的问题就迎刃而解了。第一性原理就像深埋于地下的地基，我们肉眼所见往往都是地面之上的高楼，地基虽然看不见，但它的纵深、牢固程度却直接影响着大楼的高度和稳定性。运用第一性原理不仅可以看清事物的本质，而且能够在理解本质的基础上进行自由的创新。

通过第一性原理解决问题有三个步骤：

◇ 找到问题的基本假设。

◇ 不断思考并逼近问题的本质。

◇ 将问题拆解为基础元素，从基础元素层面逐一解决问题。

回归投资的本源，在投资中运用第一性原理，不断思考事物的本质、结构和溯源投资中过程中的底层要素，从本质上解决问题，这是投资大师的心法。芒格说："在商界有一条非常有用的古老准则，它分成两步：第一步，找到一个简单的基本的道理；第二步，非常严格地按照这个道理行事。"

在实际投资中，回归事物本源，价值投资的第一性原理就是：投资就是买股权。（图 4-6）这是价值投资的基本命题和假设，买股票就是买企业，将股票视为企业所有权的一部分，在不断变化的环境中，把握产业发展的特征、理解行业前景的发展、了解生意的本质属性，站在企业经营者的角度进行投资，仔细研究企业的财务报表以及管理层能力素质，重视确定股票所反映的企业内在价值，与伟大企业共同成长，分享企业成长的收益，获得长期稳健的复利回报。

图 4-6　价值投资的第一性原理

投资收益 = 资产 + 成长

投资是为了获得收益，价值投资的第一性原理是：投资就是买股权，股权的收益来源是由所投企业的资产和成长的收益这两部分构成的，也就是赚取企业分红和企业成长的钱。拥有良好的企业分红和企业成长，公司要符合"三好公司"的标准，即好资产、好成长、好价格。回归到投资的第一性原理，我们如何在市场中寻找到"三好公司"，通常要注意以下十点：

（1）企业在细分领域是否能垄断，有没有提价权，"护城河"是否够宽广。

（2）企业的产品有无竞争力，所处行业的未来前景怎样。

（3）企业股东治理如何，过往有无欺诈小股东或无视小股东利益。

（4）各项历史财务报表是否真实健康，需要分辨造假粉饰部分有哪些。

（5）企业的盈利模式的持续性如何（模式的成功有没有得到时间验证）。

（6）资金是否得到了科学合理的配置（可以动态平衡策略来分散投资风险）。

（7）当前股价是否属于安全边际之内（多种估值模型综合评估）。

（8）当前市场的情绪位置，短期、中期、长期的资金偏好如何。

（9）通过横向、纵向分析比较，看清企业的天花板。

（10）要不断提升内心的修炼，做到情绪平静，不以物喜，不以己悲。

好资产，代表企业拥有好价值；好成长，代表企业拥有成长的潜力，有不断地增长的能力；好价格，表示投资企业时，拥有良好的安全边际。

围绕价值、成长、安全边际，选出成长投资的好标的，这是价值型投资的核心，也是本书的核心要义，即通过逻辑推演，回归本源，化繁为简，尊重简单和常识的力量，发掘价值型投资的本质。（图4-7）

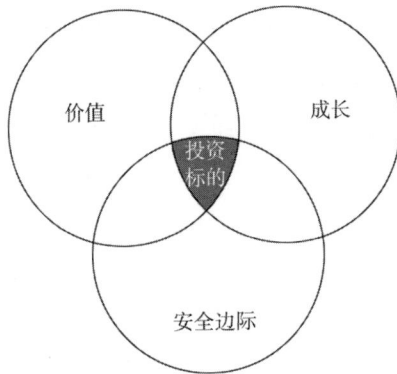

图4-7　投资标的的选择

价值，就是企业要拥有好的内在价值，良好的企业质量，企业拥有"护城河"优势和好的商业模式，属于行业龙头或者处于寡头垄断地位，企业经营现金流稳定，未来行业发展前景广阔。企业内在价值来源于其业务资产的构成和成长获利的能力，衡量企业内在价值的方式是要做好企业估值。投资者要严守估值的纪律，避免估值过高的股票，寻找和发现与市场的预期差，能有效规避市场风险，助力投资成功。

成长，就是企业要具有成长性。做价值型投资不仅要面向过去，也要面向未来。企业具有良好的增长潜力，主营业务收入持续增长、市场份额不断扩大、净利润持续增加，核心是企业要拥有良好的复合增长能力，其中业绩的可持续增长是实现企业成长的动力源泉。

安全边际，是股票现价与它最低的内在价值之间的折扣。划算是投资过程的关键，安全边际给价值投资加了一层保险，享受估值恢复的同时也收获了成长带来的收益。巴菲特说："投资的第一条原则是保住本金，第二条原则是牢记第一条。"控制风险是获得收益的前提，这是获得收益的核心关键点。

回归本源追溯投资的源头，遵循第一性原理，拨云见雾，回归投资的本源去思考基础性的问题，投资就是买股权，那么如何获取好的股权收益？价值、成长、安全边际三者重叠的标的，就是要选择的目标，在没有找到匹配的投资标的前，需要耐心地等待市场错配的机会。

打造系统的投资架构，完善投资系统，还要与时俱进，这是投资者坚实的"护城河"。坚实的"护城河"让投资者在不断变化的环境中，能够保持初心，回归本源，看清投资的本质，具备独立思考的能力，保持清醒的头脑和判断，从而做出正确的长远判断，达到"宠辱不惊，闲看庭前花开花落；去留无意，漫随天外云卷云舒"的境界。

"花半秒钟就看透事物本质的人，和花一辈子都看不清事物本质的人，注定是截然不同的命运。"投资者要从本质出发思考问题，通过不断扩展思维模式的第一性原理，扩大思维模型的边界，提升认知能力。任何事物或现象都有第一性原则，抓住了，一切迎刃而解。这就要求我们通过逻辑推理，化繁为简，回归到事物本源去思考基础性的问题，打破一切问题的藩篱，找到问题的解决方法。

（二）熵增定律

英国物理学家亚瑟·斯坦利·爱丁顿曾经说过："我认为，熵增原则是自然界所有定律中至高无上的。"熵增定律向我们揭示了整个宇宙进化的序列演变规律，当然也包括我们所有生命体和非生命体的演变规律。熵增定律也被称为热力学第二定律，它表明："在一个孤立系统里，如果没有外力做功，其总混乱度（熵）会不断地增大。"（图4-8）

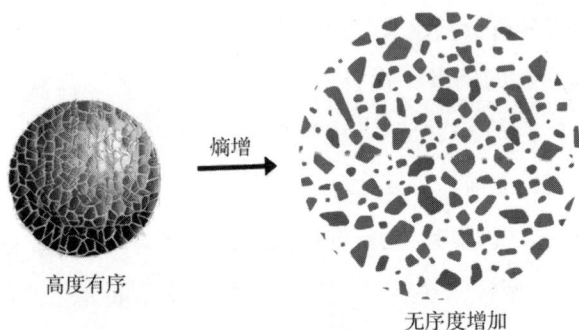

高度有序 → 无序度增加

熵增

图4-8 熵增定律

资料来源：https：//www. toutiao. com/article/6969799301581128206/？ channel = &source = search_ tab。

一切事物在没有外界干扰的情况下，会从有序走向无序的状态。熵增，也就是"无序"的增加，是事物发展的必然规律，它意味着宇宙、物质都是在向着熵增演化。例如，我们的房屋不收拾就会变得脏乱差，手机使用会越来越卡，耳机线会缠绕凌乱，开水会逐渐变凉，草木会变得枯萎，太阳也会不断燃烧衰变……一切直到世界的尽头——热寂。

人类作为生命个体也逃不过这一定律，放弃总是比坚持更容易，懒散总比自律要轻松，我们会衰老，最终走向不可避免的归宿。对于生命中的群体也是这样，历史各个朝代从诞生到消亡，旧的王朝会被新的王朝替代，周而复始，不管多强盛的公司，随着规模的扩大，很可能会走向没落甚至解体。

对于个人、企业、国家，我们生活的大千世界，让无序变成有序意义重大。实现熵增有两个条件：封闭系统、无外力做功。只有打破这两个条件，我们才有可能实现熵减。"负熵增"需要和时间赛跑。活着就是在对抗熵增定律，生命以负熵为生，负熵代表着系统的活力，负熵越高意味着系统越有序。

最美的生命就是一个自律的过程，也是熵减的过程。如果我们不对抗熵增，那么我们的生命力就会在封闭系统内或平衡状态中逐渐变得毫无生气、死气沉沉，即使生命尚未终结，生命力已戛然而止了，像臧克家在其著作《有的人》所说："有的人活着，他已经死了；有的人死了，他还活着。"

生命在这个减熵的过程当中，一直做着三件事情：

第一，要努力保持能量部分的供给。例如，从化学作用演化到光合作用，然后呼吸作用；再由光合作用加上呼吸作用两者的结合体；直到多细胞生物的形成。

第二，保持开放。单细胞从无法自由移动，到具有游动能力，前进爬行能力，再到一般行走能力和飞行能力。

第三，变得越来越智能。所有生命都是为了花更少的力气来获得更多的能量与物质，有了感知能力以后，获取的信息多，也就可以减少熵的耗散。（图4-9）

在投资的世界中，投资者要历练成大师级的投资水准，也是一个对抗熵增的过程。起初形成的投资原则和交易系统，在不断进入市场后，随着接触的信息越来越多，如果没有及时整理，投资体系就有可能越来越混乱，直到失去自身原有的方法论。

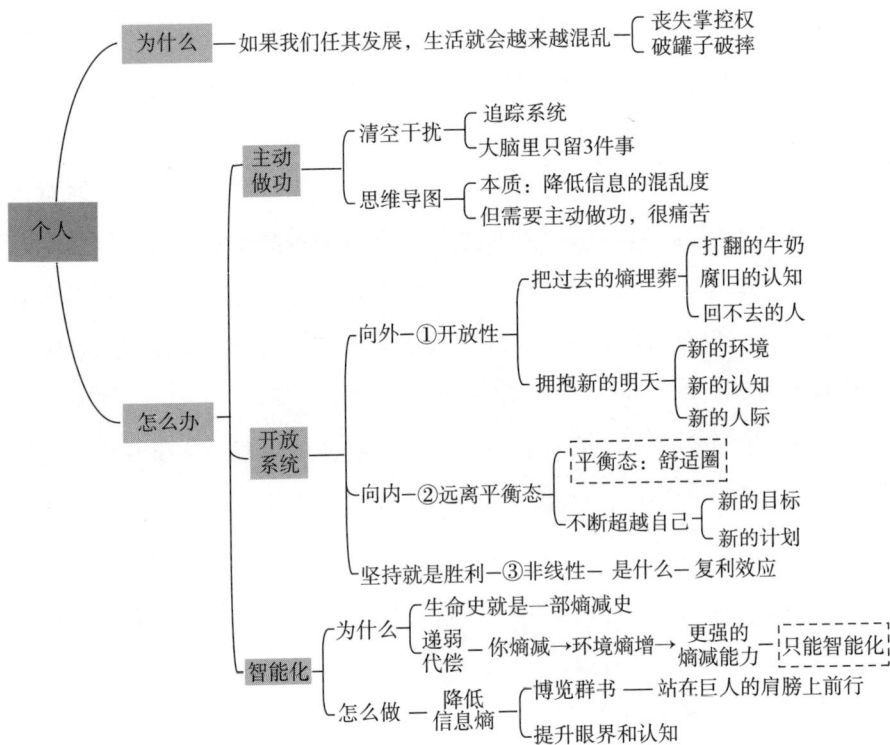

图 4-9　个人熵减思维导图

资料来源：雪球 https://xueqiu.com/2684655177/152280462。

所以，在股市里，赚钱的只是极少数人，这些极少数成了股市系统里的负熵。他们发现无序市场里的某些让投资系统活力有序运行实现稳定的盈利，增加更大的系统的熵，形成良好的投资系统架构。在不断变化的环境中，通过努力提升自己做功的能力、积极开放系统、实现智能化这三种方式来实现投资中的熵减。

1. 主动做功

那些看上去正确的东西可能都是假命题，唯有积极主动、勤奋努力让生命和世界更加有序，才是反抗熵增最有力的武器。一切的目标和设想都需要脚踏实地执行和坚持，最终才能看到改变和提高，走出自己的舒适圈，从内打破，积极拥抱变化。

股价 K 线如同波浪，看起来起起伏伏，毫无规律，实际上总是朝着阻力最小的方向发展，只不过大多数人难以理解到其低能态的本质。投资者要懂得降低信息的混乱度。不要因当下的一点蝇头小利而沾沾自喜，不要因踩对了一个阶段的风格而骄傲自满。

在情绪亢奋与炫票盛行的资本市场，我们每天看到的消息、市场上绝大多数个股在短期内的走势、一些投资模式等构成了投资市场中很大的不确定性，这无形中的熵增是巨大的。面对这种情形，投资者就会选择频繁操作、追踪热点、跟着消息做短线，这种操作下来又会进一步地增加熵增。

在投资中，专注是一项重要的能力，专注也是对抗熵增的一个非常好的办法，专注让你的思想聚焦、能力聚焦。媒体在采访巴菲特和盖茨的时候曾经问道，你们成功的秘诀是什么？两个人不约而同地在答题板上写出"专注"这个词。

"乱花渐欲迷人眼"，面对这种不确定性、无序性，投资者要减少投资的不确定性来对抗熵增，一定要专注，找到问题的关键点来重点突破，敢于对其他事项说"不"；形成良好的投资习惯，把无序变成有序，把新的知识融入投资系统，把旧的知识从投资系统中舍弃；看清投资研究上的关键点集中精力解决，市场信息是动态的，我们永远不可能在某一个时间节点消除所有的不确定性，但我们可以做到模糊的正确。

2. 积极开放系统

开放系统用内部能量来交换所产生的熵增，不断向外部环境释放能量形成转移，这样开放系统才会对抗熵增从而趋向稳定、有序状态。开放系统对抗熵增要引入耗散结构的理论，通俗地讲，就是对于一个系统而言，如果它能够不断与外界进行物质和能量的交换，那么这个系统就能够保持一种稳定的有序结构，而不至于因熵增而过快走向无序和死亡。

开放系统有三个重要的特性：一是开放性，二是非平衡性，三是非线性。

（1）开放性

用"成长型的思维"代替"固定型思维"。投资系统要积极开放、与时俱进、迭代更新，不断升级优化投资系统架构，跟上时代的发展步伐。系统把无用的熵排出去，然后吸收新的可用物质、能量和信息。好的投资系统不是一成不变的，投资者要拥有沉着应对日益变化的市场发展的能力和勇气，积极迎接投资中的困难和挑战，保持终身学习。

用"流量思维"代替"存量思维"。只有与外界进行能量交换，一个人才有可能发生翻天覆地的变化，要不然熵增就会加剧，危险就会潜伏。从表面看，繁荣有序是熵的隐形状态。比如，柯达公司是当年胶片时代的垄断企业，一时间笑傲群雄，但是2012年却申请破产，因为柯达公司一直采用胶片技术，没有选择积极革新，拥抱变化。同样的事情还发生在了诺基亚和摩托罗拉身上，死守着"存量"，不拥抱"流量"，致使被未来所淘汰了。

投资也是一样，一个有生命力的投资系统需要不断地进化，伟大的投资大师们，是成长型思维和流量思维的典型代表。在如何看待企业的成长部分，讲述了投资大师巴菲特的投资思想进化之路，从"捡烟蒂"投资开始，到寻找具有"护城河"优势的价值投资，实现了投资思维的蜕变。

（2）非平衡性

当熵在增大的时候，可能系统会显得杂乱无序，可是这种结构往往会更稳定，这种稳定表现出来就是平衡态，非平衡性理论就是要我们勇于破除这种平衡态，走出舒适区，积极迎接未知和挑战，优化内部构成，实现颠覆式成长。

在资产多元化管理的过程中，根据每个阶段的市场行情、各产品走势的不同，资产组合的管理资产配置和投资组合也会不一样。资产配置的目的是防范非系统性的风险，尤其是资产规模较大、可供选择的投资标的分散性比较强的时候。

所以，资产配置系统是一个动态平衡的状态，根据行情时点的不同，要不断打破已有的组合，开拓新的组合配置，适应当下的行情，如果没有外界的输入，投资组合将会变得混乱。投资组合要想获得收益，必须有外界的输入，不断地从熵增的无序向另一个有序转变，进而减少投资风险，提高投资收益。

（3）非线性

非线性最典型的就是复利效应。一个微小的变化也有可能导致一个巨大的突变。当下付出的努力不一定会得到及时的回报，但是当努力冲破事物的临界点以后，回报就会爆发似的奔涌而来。

李笑来的《财富自由之路》中未来财富增长曲线图（图4-10），当你的努力达到里程碑临界点后，后面的回报就是复利爆发式的增长。投资大师巴菲特的财富基本都是65岁以后赚到的，前期都是积累的过程，不断地努力进步，后面出现了复利式的增长。投资领域是最能体现"复利奇迹"的地方，刘元生投资万科、王富济投资片仔癀、巴菲特投资比亚迪，他们都是复利效应的典型代表，长期持有，随着时间的沉淀，实现复利的结果。

3. 实现智能化

整个生命的减熵史就是一个不断实现智能化的历史。通过外力做功和开放系统实现一定的熵减，如果熵减了，周围的环境就会加大熵增，就是说周围环境通常会变得更恶劣。如果需要持续生存发展，就需要外部提供

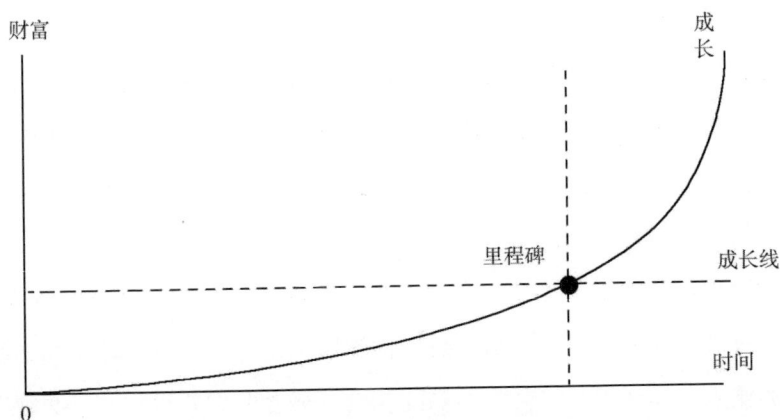

图 4-10　未来财富增长曲线图

资料来源：李笑来著《财富自由之路》。

更大的减熵能力，就需要智能化的实现。这也就是为什么我们今天的投资环境越来越难，竞争越来越大，因为投资环境熵增了。

如何实现智能化？答案是降低信息熵。金融市场的信息繁多且有不确定性和模糊性，因此信息熵就可能变大，不确定性部分也会越大。当我们面临投资工作越来越智能的时候，就要获得更多的信息，来消除部分不确定性，熵自然就会随之减少。但当信息有局限的时候，就会产生更多的熵。

所以，想站在更高的维度俯瞰投资，让投资变得更加智能，一定要上升一个维度，也就是不断提升自己的眼界和认知，因为投资就是认知能力的变现。正如芒格精彩的表述，"我这辈子遇到的聪明人没有一个不是每天读书的，没有，一个都没有。巴菲特就是一本长着两条腿走路的书"。

4. 混沌理论

混沌并不是个别的、小范围偶然的事件，它普遍存在于整个宇宙间各种微观和宏观系统之中，也可以说世间万物，莫不混沌。长久以来，混沌理论并非单独的学科，它与我们学习的其他各门学科互相依靠、互相关联、互相促进。股票市场的起伏波动与混沌有着莫大的关系，混沌在投资领域有着非常重要的意义。混沌理论不仅具有很大的研究价值，而且有真正的实用价值，可以为我们间接或直接地创造价值。

我们也看到，混沌理论是一种同时具有质性思考和量化分析的科学方法，用来研究各个动态系统中无法使用某些单一数据关系，需要提供连续整体的数据关系才能分析、研判的预测行为。这些看似是事物的零散原始状态，或者一堆没有联系的碎片，但是当这种混沌状态经过系统整理之后，我们惊讶地发现，这些无机的碎片会有机地集合成一个有序整体。它具有普适性、随机性、标度律和易感性的特征。混沌当然不是混乱，它代表着一种更高层次的规律，也可以说这是"没有次序的次序"。个体和整体、无序和有序，中间的灰度就是混沌的一种形态。

混沌具有三大重要原则：
◇ 第一，是能量，通常沿着阻力最小的方向演进。
◇ 第二，是根本结构，始终存在，通常不可见，常常由这个结构来界定最小阻力的路径。
◇ 第三，是这种通常不可见却一直存在的根本结构，不仅可以被找到，也可以被改变。

5. 在混沌中把握投资机会

在金融市场里，噪声、消息、事件、交易、买卖、系统、价格上下波动共同作为整体市场的组成部分，它们每时每刻都在不断地变化，可以说这个状态是一个典型的混沌状态，整个市场也是一个多维混沌系统。所以，我们说这个市场表现虽然随机但是有规律，虽然有规律却也不可预测。

金融市场本质上是不可预测的，它的内在非线性就是不可预测性。随机性和不可预测性贯穿其中，市场也永远按着阻力最小的路径来运行，即使很小的因素，也可能在系统内和其他因素相互作用后形成不可预料的结果。

人们总想着在混沌的市场中寻找到暴富的规律，解码股市赚钱的方法，用他们思维的缺陷来理解市场。他们坚信股市是有规律的，投资者口中所谓的趋势也是人们的认知偏见导致的结果。所以，与其预测，不如做好应对策略，以不变应万变。良好的投资策略和投资方法让投资者在不同的市场环境中可以很好地应对，并获取一定的利益。

在投资市场中，记得永远不要高估自己的能力，我们要对市场保持平常心、保持敬畏心。市场中的影响因素有很多，任何细微因素的波动，都有可能会引起市场走势的大幅变化，而金融市场的走势更是不可预测，我们要从无序中判断有序，遵从市场。

运用混沌理论，在投资中我们要把握好两点：一是市场永远沿着阻力最小的方向前进，我们要了解市场的根本结构和自己投资的根本结构，与市场结合，进入阻力最小通道，做到知己知彼，百战不殆。二是我们不能保证投资结果，事物的发展总是敏感地依赖初始条件，通过自我相似的秩序复制来实现，只要找到事物发展的初始条件和自相似复制的规律，就可以推演出事物发展的大致结果，通过层层研究，把握投资中的大概率。

（三）反身性理论

反身性理论和混沌理论是一脉相承的。混沌理论主要研究非线性系统普遍在一定的参数条件下活动情况展现分岔、不同程度的拟合、非周期运动与周期运动相互纠缠，可能套叠指向某种非周期有序运动的科学理论。它们有异曲同工之妙，讲的都是观察者和被观察对象之间不是确定的关系，它们相互影响、相互作用，最后使基本面和价格出现不同步的现象。

反身性指的是投资者与市场之间的一个互动影响。参与者的思维与参与的情景之间相互联系与影响，彼此无法独立，市场的投资者根据自己对市场的了解和获得的相关资讯，来判断市场走向并据此展开买卖交易，而由此展开的买卖交易行为也反过来作用、影响或者改变了市场原本可能会出现的涨跌，二者相互不断地作用、变化、影响。因此，市场基本上没有人可以获得所有相对完整的资讯，如果再加上不同的投资者因自身认知背景的不同，影响到其决策，令其对市场的认知和波动产生"偏见和错误"。

形成的这些偏见和错误集合在一起，形成一种巨大的作用力，不仅对市场股票产生价格影响，甚至能进一步影响企业的基本面，而企业的基本面通常被价值投资者视为交易价格的最决定性因素，这个时候反身性的效应就显现了，变得至关重要。金融市场中的商品或股票价格不仅反映了企业的基本面，它们本身也融入成为基本面的关键因素之一，并相互作用塑造价格演化，市场的这种递归关系使得股票价格上下震荡，从而大幅偏离均衡价格或者说是中枢价值。

反身性另外一个重要的表现是它的反馈环。在不断变化的市场中，参与者的看法和行动会影响事件的发展，同时事件的发展又对市场参与者的看法和行动产生影响。我们常说一根阳线改变信仰，这种相互作用、影响是循环的和连续不断的，就形成环状。正面的或负面的反馈环都有，从结果来看，正反馈则会让两者背道而驰、差距更大，负反馈会使实际情况和参与者的看法比较接近。负反馈的过程实际上也是自我纠偏的过程，一般认为，它可以持续地进行下去，假如没有外部的作用力的变化，它最后有可能会达到某种均衡，这个时候市场参与者的看法与事物的实际情况大致相符。

常见的情况是，在一个正向反馈的过程中，股票价格上涨会吸引投机者入场；经济向好和资产价格上涨会使投资者对未来经济和市场继续上涨的信心增加，从而进一步推高资产价格。在负向反馈的过程中，资产的下跌和对经济的悲观预期使得投资者的信心丧失，投资者抛售资产造成的恐慌引发更多的投资者和投机者抛售，从而进一步加剧股票价格下跌，激起市场的恐慌情绪和羊群效应，导致严重的金融危机的到来。反身性让我们在面对形势发生变化时要提高警惕。

（四）笛卡尔的怀疑论

笛卡尔是一位伟大的哲学家，他提出一个特别的观点：你怎么能证明这个世界是真实的？即这个世界有什么是不能被怀疑的呢？他思考很久，也一直没有抓到那个基石。直到某一瞬间，就像闪电击中了他，他意识到，只有一件事不能再被怀疑了，那就是：我在怀疑这件事。

也就是"I think, therefore I am"。这件事情是确定的，所以我是存在的，因此不管当下世界是不是真，一定存在一个世界。而当下世界，我不知道它是不是真的存在，这就是著名的"我思故我在"。

这种批判性思维大胆质疑一切。我们以为科学的演化是继承，其实是颠覆。下一代科学家几乎都颠覆了上一代。就如乔布斯所说：保持饥饿，保持愚蠢。（Stay hungry. Stay foolish）；苏格拉底说："我唯一知道的事情，就是我什么都不知道。"

投资也是如此，过往的成功范式越多，人们给自己的束缚也就越大，思想也会更加偏执，如果遇到市场的巨幅震荡或是股灾就更倾向于死扛到底而不止损，从而造成巨大的资金损失。一个成功的投资者永远应该是保持怀疑、保持理性、保持警惕，一只眼睛盯着市场、一只眼睛盯着自己。

四、宗教与投资

> 一个有信仰的人在投资中，他的思维更加清晰与敏锐，犯下错误的概率因而减少。因此冷静和意志坚定，在决策时不会受到市场环境的影响。
>
> ——约翰·邓普顿

爱因斯坦说："没有宗教的科学是跛子，没有科学的宗教就是瞎子。"物理学家杨振宁说过："物理的尽头是哲学，哲学的尽头是宗教。"《金刚经》中有一句著名的经文："应无所住，而生其心。"在很多地区，宗教具有至高无上的地位，它在心理学和哲学之上，事物的尽头是宗教。

宗教是一种信仰，当今全球有几十亿人信仰各种宗教。宗教是当我们的社会发展到一定的阶段，人类抽象思维发展到一定水平以后自然而然出现的社会现象。这是一种主观社会意识形态，也是一种社会文化现象，在日常生活中占有重要的地位。研究者认为，宗教在一定程度上有利于人格完善，可以促进社会整体的人性提升。宗教具有净化人们心灵、提升人的道德和责任感的功能。

说宗教是一种社会文化现象，因为它不仅存在于人们的头脑中，而且有庞大的宗教信仰群体，有教职人员、宗教活动场所及宗教活动内容；它也使一些人相信在现实生活之外还存在超自然、超人间的神秘境界和力量，主宰着自然和社会，因而对其敬畏和崇拜；更重要的是，宗教在它宏大的领域中，广泛涉及艺术、建筑、雕刻、思想哲学、政治理论、道德规范等，从而形成了独特璀璨的宗教文化。

我们要了解佛学对人类大脑的影响，指明人痛苦的来源以及解脱方式，通过佛学进行观察、理解和洞见。因为有了宗教的维度，所以人们理解事物会拥有"寻常一样窗前月，才有梅花便不同"的不一样的视角。

理性追求智慧，意志追求勇气，欲望必须加以克制，三者协调运作时，个人才会达到和谐、美德的境界。拥有这些宗教的思维让我们在投资中能把握贪婪和恐惧，让我们的内心平静，保持常识和理性，看淡市场大幅的波动，穿越市场周期，从而取得投资的成功。

（一）人类的进化

人类是自然和文化共同进化的产物。我们的大脑是自然界数十亿年的生物进化和大自然优胜劣汰设计选择的结果。当然这种设计的核心目标不是为了让我们感觉到"更幸福"，而是为让人类实现"更多产"，也是为更能生存、繁衍。人类进化到现代，作为人的需求发生了一系列的变化之后，就和大脑里的原始设计产生了差异、冲突和矛盾，而通过佛学的研修可以让人减少这种大脑的冲突，让人更具有智慧洞见。

1. 回顾人类生命发展历史

研究显示，在数十亿年以前，我们现在生活的地球上有一些原始的、简单的、可以复制信息的生物物质开始产生，这些物质后来逐渐地被一个个的细胞包围起来，不断滋养长成了简单的原始单细胞生物，又慢慢演化成为由多个细胞集合而成的比较复杂和高级的生物组织。然后这些生物组织继续演化，进一步成长为拥有较强运算思考能力的初级大脑，在某些特定的环境下部分有大脑的物种最终进化出高度社会性的智能物种。

大约在 20 多万年前出现的"智人"（也就是我们人类自己）是其中一种最聪明、最具社会性的物种，在这以前的进化几乎近于自然选择的方式，后来智人的诞生就开启了进化过程中的第二场巨大革命性的人类进化方式：文化文明的进化。需要特别注意的是，文化进化相对于生物进化最让人激动的在于其不仅只是通过个人的基因进行，尤其特别的是，在群体这个范围内通过以前从没有过的文化传承来进行，当然这是另外一个类别的"非自然选择"。

当智人出现之后，人类进化的速度和以前完全不同，发展异常快速，数量超乎想象，在 20 万年后的现在，当初只能算作是"第三只大猩猩"的一个猿类分支的我们——人类一下子站在了食物链的顶端，掌控了地球。今天，全世界超过 70 多亿的人通过互联网、科技、交通、经济连成了一个地球村式的全球化整体。从当下的视角向前细看，是人工智能科技、大数据、互联网技术的出现，使得我们整个人类仿佛又正在逐渐进化形成一个集体的智慧大脑，而地球上的我们也仿佛变成了集体大脑中某一处的神经元分支。

以上就是 40 多亿年来原始细胞到高级智能生命在地球演化的极简史。其中最引人入胜的部分就是智人出现以后，作为人类的我们在残酷自然选择之外又多了另一种更加高级进化的方式——可以经由集体和个体一起共同传承的文化演化之路。当然，需要说明的是，我们的文化进化也是通过人类的大脑来完成的，同时大脑正是达尔文进化论自然选择的产物，所以以上这两者具有先天的矛盾性。

由此可见，神奇大自然设计选择的大脑使得我们的基因经常处于不满足的状态之中，正是有了这些不满足，才能让人类追求"更多产"。但是这种时刻感受到的不满足状态很难和人在文化精神上的进化追求境界相容，如我们生活中常说对"意义感"和"幸福感"的追求，和我们身上与生俱来的"动物性""神性""人性"三者不断地冲突和矛盾。这些都是人类觉得永久性的不满足和痛苦的根源。

人类大脑结构本身像是一个模块化运作的系统，在面对不同的环境时都会准备一套不同的解决方案，通过感情可以启动这些各不相同的模块。所以，当你在认为自己理性思考的时候，实际上更多的却是通过感情在衡量，因此说人原本就是一个十足的感情动物。不同的生存状态和不同的环境都可以启动我们的这些情感，关键是"以自我为核心、以自身利益为核心来衡量其他一切"。所以，这种思维自然而然地会划分好坏、零合、敌我，不难看出文化进化的过程中并非都是一帆风顺的，有时也会给他人和自己带来伤心和痛苦。

近年来，随着科学的发展，专家们也进一步印证了我们的思维为什么是这样形成的，其核心的研究是人类大脑实质就是自然选择设计的一个机器。作为自然演化设计的一个大物种——人，我们可以清晰地看到，我们的大脑有着长达数亿年进化历史，不仅复杂悠久，而且非常发达。结合来看我们的社会属性同样进化得很好、很发达，在智人出现之后，我们也进行了漫长艰难地文化进化，这些文化追求的部分和我们自身的生物进化因素产生了根本性的冲突、矛盾，痛苦就变得不可避免，人类的追求不再满足于开心、享乐、传代、欲望、发展，而是渴望持久的幸福、永远的和平以及开始对社会、对集体、对他人的奉献和责任，对道德、真理、对生活的意义也有了更多渴望，和当初那个纯生物的本我产生了根本性的冲突、矛盾。

2. 文化进化的历程

再来看看我们人类的文化进化简史，我们的身上大约有 7 分半的动物性，加上 2 分的人性和半分神性。作为万物之灵的人类，文化进化的光辉意义就是让我们凸显人性、合理限制动物性和放大神性的部分。

按照西方的观点，可以把文明进化史简单划分成三个大的阶段：

第一个阶段：人类先祖在大约 6 万多年前走出非洲大陆，开始散落于全球各地。

第二个阶段：在大约一万年前左右出现的农耕文明。

第三个阶段：比较近，就是几百年前才开始的现代科技文明。

就是因为以上三次文明的腾飞让我们与原始动物祖先截然不同，拉开了巨大的生存、生活距离，这也让我们真正地成了地球上其他生物的主宰者。

配合文明发展的跃升，我们的认知进化表现出两次较快的飞跃。以下我们从精神的层面来看这两次飞跃。

第一次飞跃大约是在 2500 年前，就是常说的"轴心时代"，东西文化灿烂，竞相争辉，从古希腊以亚里士多德为代表的哲学家，到耶路撒冷希伯来先知，到印度佛祖释迦牟尼，再到中国尊崇的诸子百家等，这些著名的先哲们不分地域、不约而同地对人存在的价值意义、理想、神性、人本身的人性、道德的规范等精神范畴进行了一次集体性横跨东西的大反思，不仅反思人类社会群体和个体的生存状态，也反思自然和人的关系，反思道德的规范和生存的意义，反思整个社会的结构，在这些宏大、根究本源的成果上提出了一系列细节不尽相同但是大方向又接近的思想答案。"天不生仲尼，万古如长夜"，我们很幸运，正是这些天之骄子们的反思对全人类都产生了积极深远的影响。

第二次飞跃大约发生在 600 多年前，随着现代科学的崛起，我们可以用比较科学、系统的方法积累起这个客观世界上和人本身的许多可被反复证明的、可靠的、可用来作为预测的能力知识。经过这次巨大的技术革命，将我们人类的认知能力提升到更高级甚至是前所未有的层次，就是对第一次在轴心时代中所形成的权威理论从根本性上提出了质疑、挑战。

其中对一元宗教产生巨大影响、破坏和冲击。一元宗教里的上帝基本假说遭到普遍质疑，不仅没有得到科学对之的印证，而且科学对教会时常宣讲的许多具体教义进行了不同程度的证伪。但是让人非常惊讶的是，佛学理论中的许多洞见却不断被现代科学所印证。这让越来越多具有科学精神的现代人，通过佛学的教导看到了未来重塑人的道德体系和意义的高度可能性。

从以上内容我们可以看出，我们人类集体持续不断进化的成果璀璨夺目，不好之处在于文化无法简单地经由基因遗传，这就导致个体在这种集体不断进化的代际中，很难和人类整体的文明成就直接联系，而需要经过漫长的家庭、学校、书本等教育方式来达到。

（二）信仰的力量

1. 冥想的力量

那么，科学化的佛学如何帮助"异化"中的现代人呢？那就是帮助人类做好自我控制。绝大部分时间，人的大脑是处于一种"自动驾驶"的状态，通常人的行为大多数都是通过情感来进行控制的，并不是你所以为的以自己真正的意志为转移。我们是否可以成为自己真正的主人？近代科学研究发现，在佛学中有一种可行的实践方法——冥想。

投资大师瑞·达利欧、苹果的创始人乔布斯都保持着冥想的习惯。在冥想的过程中，人可以通过加强或弱化奖罚的心理机制，有意识地切断头脑里从"感觉"到"思维"再到"行动模块"的神经传导机制，我们也可以理解为把自然选择所设计的人类大脑重新优化整理、设计一遍。作为智人，这就是文化进化区别自然进化真正核心不同之处。事实上通过一些特殊的内观方法，我们可以做到觉知意识、控制意识。文化进化可以通过冥修，另外加上其他学习的方式，在一代人中就有可能达成进化方式的升级和改变。

冥想行为可以让我们从文化意识层面去理解、观察、训练并达到最终征服人的原始生物意识。也可以这样表述，冥想可以使作为我们身体器官一部分的大脑，超越人与生俱来的原始动物性局限，了解与人相关的自然、宇宙、整个社会和人的全部。

通过人类生命的发展和文化进化的进程，我们可以从根本上清楚为什么股市上投资者很难赚到钱。投资是反人性的，"反过来想，总要反过来想"。股市放大了人性，贪婪、恐惧、盲从、偏执、冲动，人性的弱点在股市投资中展现得淋漓尽致，很多时候人是在用原始的本能在进行投资，受感情的控制，受市场情绪的影响，行情好的时候、有好消息的时候，人群蜂拥而上；行情低迷、没有利好消息的时候，人群处于观望恐惧状态。

通过冥想，通过自我的控制，超越人自身的动物性限制，可以更加理性地看待市场，保持内心的平静，逆向思考来进行投资，持续自我否定，打破既定思维惯性，在行情风格逆转之初就能够敏锐地有所察觉，且能够采取相应的措施，这是顶尖投资人与普通投资人唯一的区别。"别人贪婪时我恐惧，别人恐惧时我贪婪"，逆人性操作才会有获胜的机会。

2. 心力的力量

佛学让人回归到内心，用心力的力量从自我出发来寻找解决的方法。心力，就是一个人的生命力，就是心灵的力量。以世俗而言，心力就是决心和意志力；若以佛法来讲，心力就是生命的影响力或传心的力量。

佛家认为我们每个人的内心深处本来都拥有不可思议的、强大的力量，但是能否把这种强大力量充分地发挥出来则需要个人勤奋地修炼。心力由几种力量构成，分别是无所畏惧的"愿力"、一往无前的"专注力"，还有不竭的"创新力"以及穿透表象的"洞察力"。

（1）无所畏惧的"愿力"

"愿力"，本来是佛教词语，指的是誓愿的力量，用一句通俗的话来说，就是指人们对目标强烈而长远的努力追求。日本管理大师稻盛和夫说："我希望人们能铭记这个'宇宙法则'，那就是：人生与心念一致，强烈的意念将以一定的现象表现出来。也许有人断定此言极其神秘不予接受，但是，这是我在此前的人生中多次体验后确信不疑的不二法门。""如果用20年、30年或更长的时间来看的话，大多数人的一生就是他们自己曾经在意念中描绘过的。"

丘吉尔说，成功根本没有秘诀，如果有的话，只有两个：一是坚持到底，永不放弃；二是当你想放弃的时候，请回过头来再照着第一个秘诀去做。

只有刻在骨子里的强烈而持久的愿望，才可以拓展经营，实现梦想。万事只怕有心人。愿力就像一颗种子，会发芽和长大，愿力大的人，越困难越勇往直前。

在投资中，愿力能够形成复利。强烈的意志力能够让投资者在正确的道路上不断前行，让思考力转化为行动力，坚持长期主义。在不断磨炼意志力的过程中，愿力可以让投资者以更加开放的心态对待很多事物，拥有超越市场平均水平的认知，获得超额的收益，这样就形成了良性的反馈循环，这种正向反馈慢慢就形成了愿力的复利。

所以，投资者在投资工作中需要关注、了解、研究企业的基本面，用高远的战略眼光找准那些能够大幅超越市场基准的细分行业和具体公司，配合坚忍的心性，在长久枯燥的投资工作中坚守，牢记若无高瞻则不见长远，若无心性则不可实践。

（2）一往无前的"专注力"

高度的"专注力"是强大的心力的基础。在多年前的一次电视采访中，主持人让当时的世界首富比尔·盖茨和股神巴菲特分别在自己的答题板上写下自己的成功秘诀，当主持人公布答案时，两人的答题板上都是写的"专注"两字。佛家常说心念如瀑流，心里的一个念想一个接着一个，在脑海中翻腾，就像放电影一样。有时我们在工作中也容易开小差、走神，这些情绪我们自己有时可能都没意识到，虽然有时候可能也意识到了，但是却无力自拔。禅修是非常好的修炼"专注力"的方法。我曾经参加过一次河南法眼寺禅修的修炼，包括坐禅与行禅，颇有收获，"专注力"有了很大的提升。当我们的心流经过冥想禅修可以保持平静和专注并达到禅学里所说的"止"或"定"以后，就可以进入"内观"的阶段。需要观些什么呢？仔细观察身体活动的本来现象、各种念头的升起和消灭、呼吸的细微感受，并由此洞察一切现象事物无我无常、往复变幻的本质，进而开启我们内心的智慧。

一般禅修可以分成两个层次：比较初级的层次就是我们每次在做一件事情的时候，都可以高度专心专注；向上一级的层次是我们在高度专注的时候放空自己、证悟空性，就是能在高度专注的基础上洞察本质、思考世间万事万物的因缘。

在投资中，专注是一个非常重要的品质，最核心的是要选择性地忽略很多看起来不错的机会，然后专注于结构性变革中蕴藏的巨大机会，专注在自己能力圈范围内深耕，做精做细，专注于自己能够把握住的机会。

专注才能专业，专业才能让自己如庖丁解牛般游刃有余，放在投资上就是要清楚了解机会和风险之所在，这样才能控制风险，保证成功。投资大师巴菲特一直强调专注，他投资成功的秘诀之一就是常年只紧盯自己能力圈内的投资机会，保持长期胜券在握的投资状态。"弱水三千，只取一瓢"，这种定力耐心是投资的关键。

（3）源源不断的"创新力"

空性智慧指引我们创新，进行创新也是在证悟空性，在空性智慧思想的指引下提升我们不断突破和创新的能力，进行各种不同路径创新的试验。一个人对空性思想证悟得越深，他的创新就越有可能取得成功。空性证悟的境界层次与成功创新的颠覆程度密切相关。

通过修行、行动来证悟空性，不但要在理论上清楚这一点，而且要在工作生活中证明这一点。证悟空性是佛法修行人（无论出家在家）最重要的修行目标，只有证悟空性，我们才能彻底解脱而圆满自在。

青原行思是古代著名的禅宗大师，他说证悟空性必经三重境界：禅修之初，看山是山，看水是水；禅有悟时，看山不是山，看水不是水；禅中彻悟，看山仍是山，看水仍是水。讲得是何等的通透！

经验丰富的禅者一旦修到"彻悟"境界，不仅可以准确预判事物未来变化发展的轨迹，更进一层，他还很有可能开创未来。只要我们保持努力达到因缘俱足，通过对世间万千事物之所以存在的条件、因缘的洞察、分析，进一步，我们就可以打开精彩、创造美好的事物。

放眼古今，凡能成就大学问、大事业的人，大都经历过这三重的境界："昨夜西风凋碧树。独上高楼，望尽天涯路"为第一重境界；"衣带渐宽终不悔，为伊消得人憔悴"为第二重境界；"众里寻他千百度，蓦然回首，那人却在灯火阑珊处"为第三重境界。

在投资的历程中，万卷书化成一页纸，去繁为简，同样有三重境界：

◇ 第一重的境界：把自己所买的股票当成一堆筹码，炒来炒去。
◇ 第二重境界：把买股票当成买股权、买企业。
◇ 第三重境界：把自己所买的股票当成一张债券。

第一重境界里的股票投资者，在他们眼里，股票不过是一个炒来炒去的筹码，他们不去研究公司的基本面、行业情况、未来发展潜力，只看股价的波动，研究 K 线图和成交量，通过波动做投机操作，持股时间非常短，盈利依靠买卖之间的差价来实现，把股票当作博弈的筹码。这种操作把股票的流通属性发挥得淋漓尽致。

第二重境界的投资者，他们认为股票就是所买公司股权的一部分，股票对应的是企业实实在在的资产，买了上市公司的股票理应就是公司其中之一的股东，作为股东赚的就是企业经营壮大、利润增长的钱。这是真正价值投资的做法和理念，也是股票的实质，股票原本就是公司部分资产的产权证明书。投资者买入以后并长期耐心持有，无须在意短期的上下波动，做时间的朋友，陪优质企业一同成长，牢记企业的内在价值，坚持长期主义，赚取分红所得收益和企业成长的溢价。这个层次的投资者回归本源，去除了所买股票的流通属性，也不惧一时涨跌，在意的是股票的产权属性。

第三重境界，股票的本质是企业，不是主体，是一个工具，也是市场的某种替代品，这种工具的用途用来降低市场交易成本，企业和市场的边界依赖于市场定价成本与企业组织成本之间的均衡。巴菲特曾说："对股权投资者来说，股票不过就是一张债券，只是它的期限是永远。"这和债券的本质一致。在这重境界的视角下，股票就是所买公司未来的现金流，是一张永续浮息债券。

（4）超越表象的"洞察力"

"洞察力"是指洞察事物本质的能力，是在海量外部信息当中发现关键信息的能力。在空性智慧理论的指引下，我们可以不断提升自己的专业眼光，在研究一件具体事情时常常能够洞穿表象，更深层次地剖析它的因缘，把握本质，总结规律。一个人对空性智慧证悟得越深，他对事物本质的认识、对规律的精确把握就会更加深刻，深刻的程度一般都和空性证悟的境界紧密相关。

"洞察力"不是靠传授获得的，它需要长期丰富的投资实践经验才能养成，洞察力看起来像某种"直觉""本能"，它既需要看到长远的整体，也需要看到微小的局部。

当年毛泽东写《论持久战》就是通过分析当时的状况：日本方面要求速战速决，我方的基本面情况不能采取速战速决，要长期持久战才有胜利的希望。只有通过时间换空间，通过时间将我方的劣势转化为优势，最终才能赢得胜利。时间换空间就是毛泽东洞察到的取胜本质。

在投资中，有了这种能力才有自己判断能力以及拿住投资标的的能力。这种洞察力实际就是常识判断，资本市场的愚蠢比比皆是，常识就能告诉我们是陷阱还是机遇。投资并不需要高学历，也不需要高智商，但是需要常识和逻辑、对商业的理解和洞察以及对人性的熟悉和把握。

《金刚经》中说："一切有为法，如梦幻泡影，如露亦如电，应作如是观。"人生如闪电、似露水，纵然精彩，也不过是转瞬即逝，什么也留不下。只有看破，人生才能真正放下，获得从容自在。看破是智慧，放下是修行。放下心灵的负累，人生才能往前看，走得更快，走得更远，保持心灵的平静和清净，人生才能真正自在。

在投资市场中，用"愿力""专注力""创新力"和"洞察力"，提升自我的投资认知，穿透事物的本质，看清投资运作的底层逻辑和基础，苦练基本功，同时修炼好自己的内心，不骄不躁，逆向思考，有耐心，坚持长期主义，保持自己心力的平静，在长期的投资中获得投资与自我建设的双收益。

五、管理科学与投资

我们一直说，投资是科学与艺术的结合，是定量和定性的结合。其中艺术和定性的部分，除政治、经济、社会、技术等环境的高度不确定性之外，更重要的在于企业管理的好与坏极难用一套固定的标准去衡量，人和管理在企业经营的权重中越来越高。本节从管理科学的维度来剖析企业的竞争力和"护城河"，可以让我们站在企业经营者、企业分析师的角度来评估投资标的，进而做出更好的投资决策。

管理科学有三个层面：方法、战略和理念。其中方法是各种执行的技巧和方法；战略通常是管理系统之中实践的精要，也是整个管理活动举措的纲领；理念是管理科学理论的思想基石，也是管理执行落实的总阀。管理活动的抓手就是方法、执行和手段，这也是管理者理念、战略、目标能否顺利落地并最终取得成功的关键。

（一）管理科学的性质

管理科学就是研究和揭示管理活动及其规律的科学，它时刻和实践紧密结合，指导人们的实践，并使人们顺利达到预期目的。揭示千差万别事物之间的联系和内在活动规律是它的研究任务。

管理科学是一门独立的科学。它具有其他一切学科所具有的基本特征，在它保持独立学科体系的同时还借鉴并吸收了其他许多学科的知识。

管理科学是一门定性和定量相结合的科学。从定量上看，管理科学在借鉴了许多现成数学运算方法的同时，还创造了管理科学的专门运算方法并付诸实践。从定性分析上看，认识管理科学中最重要的因素，就是一切的行为操作都是由人来达成的。

但是人很多时候是感性的，分析者主观上的直觉、经验对事物的分析和判断，对管理对象的特点、性质和变化趋势进行预测和判断带有强烈的主观性依据。所以，管理是科学和艺术的结合，这些不能量化的东西，只能采用定性分析来解决。所以，这也就决定了管理科学是定量分析和定性分析相结合的科学。

管理科学是一门软科学。它具有类似电子计算机软件的含义。许多自然科学知识和技术运用于生产，产生社会财富，都是在管理理论的操纵下完成的。

管理科学是一门具有很强应用性的科学，而应用学科其中的一个主要表现就是可以马上实践并能产生正向成绩和效果。作为管理者，他们如果能掌握正确的方法，将管理学思维和管理学工具运用到管理的实际工作中，往往能取得事半功倍的效果。实践对其产生、存在、发展有着决定作用。因而也就构成了管理科学极强的应用性。

（二）对象的科学与管理者的科学

管理的效果与管理的科学在很大程度上是紧密相关的。一直以来，人们在管理科学上不断地深耕和研究，管理大师泰罗提出的"管理科学"这么多年来也一直激发着人们在管理上的动能，激励着管理者在管理的道路上不断地精进，实现更高标准的管理艺术。

然而，如何把管理做到科学化，是一个需要深入研究的问题。很多人认为，管理科学由管理对象的科学与管理者的科学构成，只有两者合二为一，才能称为完整意义上的管理科学。

研究分析管理对象是管理科学的基本任务之一。管理对象是管理活动的承受者，是管理活动所作用的各种具体对象，涉及人、财、物、产、销、时间、空间等基本内容，围绕企业的人力资源管理、机器设备的管理、产品或服务质量的管理、财务部门的管理、IT 信息的管理、供应链物资的管理、时间目标的管理等一系列领域，通过整合不同资源，进而服从、服务于特定的管理目的。

在管理者方面，管理者的能力和职位相匹配。管理者熟悉管理的基本原理、原则，对人性、文化有较为深刻的认识，把握被管理对象的相关性并提出有价值的解决方案，是对管理者提出的基本要求。由于不同管理者的性格不同、能力不同、擅长点不同，再加上自身的素养、学识、人品等方面因素的不同，出现了管理者的理念、能力与现实情况有很大偏差的现象。

作为管理者，他是主观与客观的结合体，这就好比司机驾车一样，车辆有着自身的运转特性，无论多么高明的驾驶者都必须适应这些特点而不能乱驾驶，否则就会出现问题。

管理的科学性无疑对管理者提出很大挑战。为增强管理的科学性，这就要求管理者注重提升自身的专业素养和业务能力，把握行业发展的大方向，制定正确的战略决策。同时管理者要提高自我管理能力，打造学习型、进取型的组织，具备同理心对待内部和外部的客户。员工作为内部客户，管理者也要做好服务，这样才能成就员工。管理的本质就是激发一个人的善意，让企业的组织效率最大化，这是管理者的根本职责。

（三）管理科学的基本原理

系统原理、人本原理和效益原理、动态原理是管理科学的四大基本原理。

1. 系统原理

系统原理通常是指人们在进行管理工作的时候，不断运用整体连续系统性的观点、方法、理论对所有管理活动进行全面细致的系统分析，从而来达成企业经营管理设定的计划目标。它首先认为企业所管理的对象均为一个特定的运行系统，企业组织管理者想要实现管理经营计划的目标性、有效性，就应该对管理进行整体详细的研究，并把握好管理系统中各个要素间的相互联系和规律，从而实现科学完备的系统化管理。

在具体工作中，我们不能孤立地看问题，必须用系统分析的方法，分析实际问题。同时，利用系统原理指导组织正确处理组织内部与外部、局部与全局、眼前利益与长远利益的平衡关系。

管理活动的核心任务之一就是发挥大家的主动性，调动大家的积极性，开发大家的创造性，依靠人、赞扬人、认知人、鼓励人、为了人，这是一切管理活动的基础和前提，是实现管理活动成功的根本保障。

2. 人本原理

人本原理就是我们常说的以人为本，全员共赢，它要求在企业管理中一贯坚持以人为核心，并把员工的权利作为一切工作的根本，不断激发全体员工的积极能动性，鼓励实现人的成就感、价值感和自由、全面、均衡的发展，也要充分肯定人才在企业发展中的地位和积极作用。世界上一切科技的进步、财富的创造、社会生产力的发展，都离不开人的服务、劳动、奉献和管理。

3. 效益原理

效益原理就是安排组织里的各项管理工作都要本着追求企业战略、实现高效益作为目标的基本管理原理。它要求现代社会企业经营中一切有计划、有管理、有目的的经营活动，都始终存在着一个效益目标导向，这是企业组织管理活动的一个全面综合的体现。管理效益可以分为经济效益、目标效益和需要效益三类。经济效益是指管理活动在经济数量目标上所达到的程度，目标效益是指企业管理活动需要实现管理计划目标的完成程度，需要效益是指满足本系统和大系统需要的程度。

4. 动态原理

动态原理指管理系统是一个不断产生、发展、更新、消亡的过程，是一个动态的系统。它不存在固定的管理模式，只有随机制宜、因情况而异、有针对性的管理才是有效的管理。动态管理要求企业的管理者首先不断地升级自己的理念，在解决管理问题时不能运用保守落后、僵化呆板的管理方法，也不能单凭主观意愿强行推进，而应当结合当下不同环境、不同背景下的差异行事，只有及时科学地调整管理过程的计划、组织、检查、完善等相关环节和各种平衡关系，才能使管理活动、计划目标沿着预定的方向顺利推进。

管理科学的研究有助于管理者提高工作的科学性，避免盲目性，掌握管理的基本规律，把握管理的基本手段和途径。这些原则是相互作用、相互依存、相互转化的统一体。只有集中反映了管理科学的实质及其基本规律，认识了管理的基本规律，掌握了管理的基本原理，我们才能应用管理科学来实现科学管理。

（四）新科技革命对管理科学的影响

新一轮科技革命正在对人类生产、生活和生存方式产生变革性影响，这种影响的广度和深度是前所未有的，它改变了经济发展和社会发展的格局。近20年来一大批的科技企业涌现，市值不断创出新高，其中有美国的科技巨头，如微软、谷歌、亚马逊、苹果等，中国的华为、阿里巴巴、腾讯、字节跳动等。20世纪以来的新科技革命以智能化、分散化、高速化、生态化的特征出现，孕育出了新的产业，改变了经济发展格局，对现代管理科学的发展产生了深刻影响。

我们欣喜地看到科技进步不断推动整个社会的经济发展，从而也对管理科学专业领域产生了大量需求。科技的进步也为管理科学化直接提供了手段、技术、计量、方法上的支持，而且科学研究的方法、案例、思维为管理科学理论和管理学问题分析提供了方法论指导。

在管理科学的研究中，有一个著名的名词：**熵增**。我们在前面相关章节也提到，熵增包括企业经营管理、人类生命、生活、宇宙一切事物发展的自然倾向，一切事物都沿着有序走向无序、混乱、直到死寂。一切的社会组织，如企业，从其注册成立、成长、发展壮大直到衰退，熵值都会不断增加，经营效率趋向递减。减熵揭示了组织内部管理效率递减的规律，证明了有的企业为什么只有较短生命周期的内在原因。

这就是人类社会为什么需要管理的根本理由。通过有效的管理，组织的熵值减少，维持秩序，持续发展。华为为什么能够从一个创业的小公司成为中国一个伟大的科技公司？就是由于任正非先生发现了企业经营管理中的熵增规律，他一方面用科学管理来洞察人性，通过股权改革、薪酬机制，激发全体华为员工为公司伟大目标全力奋斗的活力、创造力；另一方面，结合耗散结构原理，在公司内部推行透明化、开放度、实行轮值 CEO 制度、组织扁平化等，从而实现熵减原理，持续获得企业发展壮大的活力。

美国风险管理理论学者纳西姆·尼古拉斯·塔勒布提出一个反脆弱的概念，这个在企业经营中也有相似的场景。他把事物分为三类：**脆弱、强实、反脆弱**。

脆弱的事物在受到外界的压力时会破碎、受损，就像玻璃杯掉到地上会碎，强实的事物在遭遇外界压力时，基本不会受到影响，但是反脆弱的事物可以在这个波动的世界中，伴随压力而进化，让自己变得更强大。

比如，在 2021 年的疫情中，有的企业因为市场、供应链或其他问题变得岌岌可危，甚至倒闭，但是有的企业，如比亚迪、茅台等头部企业通过把握行业风口或挤压二线品牌的空间，盈利反而稳步提升。

反脆弱本身可以面对风险，可以从风险中受益成长。面对未来的不确定性，企业可以利用不对称性，小投入、高产出，或把握机遇，让自己在行业的风口上不断壮大。

正是因为有了非线性才会有新的事物不断出现，以新的事物代替旧的事物，这样企业才能不断成长、不断精进。

还有一个著名的**肥尾效应**，肥尾下的推断本身具备不确定性，与证明黑天鹅存在相比，我们需要更多的数据来论证黑天鹅不存在。

先解释一下"肥尾"这个名词。图 4-11 是一个很常见的关于概率分布的示意图。中间隆起来的部分我们叫"峰"，两侧是"肩部""左尾"和"右尾"，分别代表了不同的分布区间。

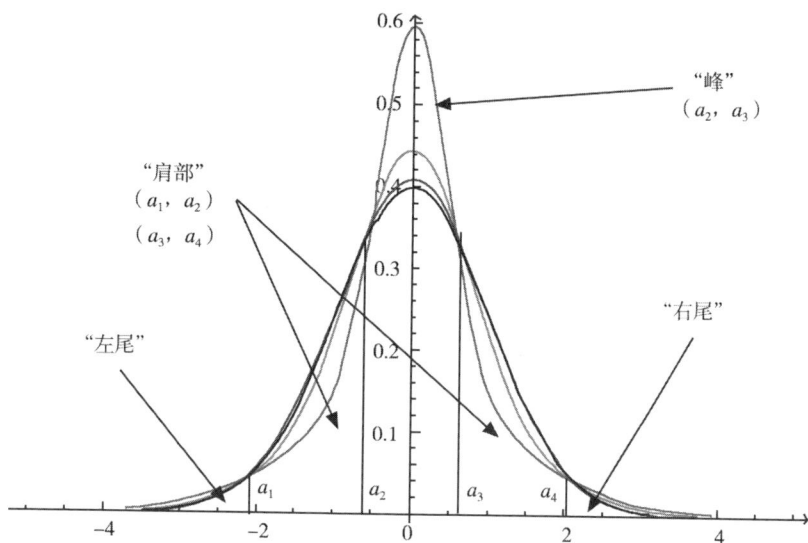

图 4-11　一个比较常见的肥尾效应分布图

比如，全国成年男性的身高分布，左尾代表了男性身高矮于 1 米的概率，这个概率是比较小的；右尾代表了身高高于 2 米的男性，概率也是比较小的，大部分人都是处在中间——也就是平均身高附近的。左边和右边的尾部都比较薄，这个称为"薄尾"。在正常情况下，这个分布是符合"正态分布"的规律的，一系列统计学的结论和成果都是在正态分布的情况下推导得出的。

但资本市场并不符合正态分布的薄尾特征，它呈现肥尾的形态。极少数决定绝大多数，具有"一句顶一万句"特征。

也就说，极端事件引起市场大震荡，如2008年美国第四大投行雷曼兄弟破产引发的海啸般的金融危机，2015年的股灾，2020年美股的4次熔断，等等。特别是近年来，市场极端行情发生的概率不断增多，越来越证明，肥尾效应是金融世界的本质属性之一。

新科技的快速发展也给管理科学带来很多挑战，新科技革命除了让我们生活得更轻松美好之外，也给整个人类社会带来了巨大的模糊性和不确定性，这些不确定性成为未来时代进步的一个重要且常见特征。社会事物千变万化让管理对象很难厘清，就连各种因果参数变量也变得难以知晓，多维、复杂、混沌、跳跃性、非线性的现象成为常态，事物间的因果逻辑不易预测，相互纠缠，发展规律也变化多端，趋势未来不易预判。这种挑战对管理科学的发展提出了新的要求，要迭代更新，与时俱进，这样才能跟上时代发展。

（五）管理科学的核心

让我们把管理科学做以下归纳：复杂的工作简单化，简化的工作数量化，量化的工作专业化，专业的工作模块化。

在企业管理中，复杂的工作要想做到简单化，这里比较有效的方法就是进行条理化分解，把管理工作分解，层层解析，就能够找到问题的核心关键点，解决问题就游刃有余。《道德经》中："图难于其易，为大于其细。天下难事，必作于易；天下大事，必作于细。"天下难事必作于易，你把它分解了，从这里开始，一点一点地解决问题，然后看起来一个庞然大物、巨大的困难就解决了。因此，天下大事必作于细。

要把简化的工作数量化。用全世界都通用的数学语言建立统一的标准，这样容易判断、理解和沟通，将各工作环节紧密衔接，用少的时间做多的事情，通过量化标准来约定做事的尺度，每个员工都能深刻理解工作的要求，确保工作行为高度一致，进而提升管理水平和工作效率。同时，量化还有一个好处，就是可以设立临界值，来判断产品的合格标准。

量化的工作专业化就容易找出事物的共性和规律，然后再根据规律，设计出专业化的程序，这样就可以迅速地提高效率。企业要做好分工和专业化，术业有专攻，提高员工工作的熟练度，提高效率，降低劳动成本，减少因工作变换带来的时间损耗。

泰勒《科学管理原理》标志着管理学的诞生，泰勒也被尊称为"科学管理之父"。科学管理能够使劳动生产率提高，而同时又不增加企业主和工人的劳动量，这个其实就是劳资双方的双赢博弈。其实它依靠的就是分工和专业化。

专业的工作模块化。对人才进行专业化培养提高了生产率，对专业知识和实践的操作要进行归纳整理，形成模块化，新进人员通过系统的模块化学习可以快速上岗，缩短学习时间，规范化可以使新进人员快速掌握岗位的技能和要点。

管理科学的核心是大道至简。简单化、数量化、专业化、模块化，提高企业家的领导力和管理能力，运筹帷幄，决胜千里，根据第一性原理推理，抓住企业发展的核心关键点，聚焦在关键点上取得突破，日常企业经营用数量化和模块化进行管理，统一标准，节省时间，提高效率。

所以，投资者在投资的过程中，在对企业基本面、财务数据、管理层等方面进行重点研究时，要结合管理科学的相关要素，系统化、科学化地对企业进行深入剖析，既有全面性，又有重点性，层层研究，以便对企业的当前经营情况、行业前景、市场空间、管理层能力等有很好的了解和认知，为良好的投资决策提供助力。

参考文献

［1］史莱佛.并非有效的市场：行为金融学导论［M］.赵英军，译.北京：中国人民大学出版社，2003.

［2］陈彦斌.行为资产定价理论［M］.北京：中国人民大学出版社，2006.

［3］东北证券研究所.行为金融，来自情绪面的择时与选股［R/OL］.（2016-08-04）.http：//stock.cngold.org/info/report/c36017.htm.

［4］董志勇.行为金融学［M］.北京：北京大学出版社，2009.

［5］何大安.选择行为的理性与非理性的融合［M］.上海：上海三联书店，2006.

［6］李海军，徐富明，王伟，等.判断与决策中的情感启发式［J］.心理科学，2014（5）：1238-1244.

［7］阿克洛夫，希勒.动物精神［M］.黄志强，译.北京：中信出版社，2012.

［8］Seth A·Klarman. Margin of Safety：Risk - Averse Value Investing Strategies for the Thoughtful Invesror ［M］. New York：Harper Collins. 1991.

［9］菲利普·A·费舍.怎样选择成长股［M］.冯治平，译.北京：地震出版社，2018.

［10］ 陈理. 巴菲特投资思想进阶轨迹：大师进化史［EB/OL］［2017-12
-05］https：//mp. weixin. qq. com/s/t56BYKKOUktVVk_ qedDgUQ.

［11］ 盐烧小 K 驴. 从可持续增长看 ROE 和净利增长［EB/OL］.［2019-10-
13］https：//baijiahao. baidu. com/s? id = 1647279113154287203&wfr =
spider&for = pc.

［12］ 霍华德·马克思. 周期［M］. 刘建位，译. 北京：中信出版社，2019.

［13］ 超级高成长. 行业格局［EB/OL］.［2017-12-19］. https：//xueqiu.
com/1038127437/97766875.

［14］ 迈克尔·波特. 竞争战略［M］. 陈小悦，译. 北京：华夏出版
社，2005.

［15］ 帕特·多尔西. 巴菲特的护城河［M］. 刘寅龙，译. 广州：广东经济
出版社，2009.

［16］ 徐彪. 60 大重点行业 ROE 处于什么位置？未来趋势如何？［EB/OL］.
［2019-9-2］. https：//baijiahao. baidu. com/s? id = 16435275277700
28230&wfr = spider&for = pc.

［17］ 东吴证券研究所团队. A 股十倍股群像［EB/OL］.［2020-10-21］. ht-
tp：//finance. sina. com. cn/stock/marketresearch/2020-10-21/doc-iizn-
ezxr7222112. shtml.

［18］ 哈利兄弟价值投资. 伊利股份保值效果很好且当股价里没有溢价的
时候具备投资价值［EB/OL］.［2021-11-8］https：//xueqiu. com/
1211566210/202483508.

［19］ 雪球. 浅谈"催化剂事件"在投资中的应用∣ 价投会［EB/OL］.
［2019-12-20］https：//xueqiu. com/8252118790/137580050.

［20］ 雪球. 如何分析一家上市公司？［EB/OL］.［2020-4-28］https：//
www. toutiao. com/article/6820586396978250244/？ channel = &source =
search_ tab.

［21］ 大卫·邓宁. 为什么越无知的人越自信［M］. 刘嘉欢，译. 北京：中

译出版社，2022.

［22］丹尼尔·卡尼曼. 思考，快与慢［M］. 胡晓娇，李爱民，何梦莹，译. 北京：中信出版社，2012.

［23］彼得·考夫曼. 穷查理宝典：查理·芝格智慧箴言录［M］. 李继宏，译. 北京：中信出版社，2021.

［24］古斯塔夫·勒庞. 乌合之众：大众心理研究［M］. 石磊，译. 北京：中国商业出版社，2017.

［25］埃尔温. 薛定谔. 生命是什么［M］. 肖梦，译. 天津：天津人民出版社，2020.

［26］乔治·索罗斯. 金融炼金术［M］. 孙忠，侯纯，译. 海口：海南出版社，1991.

［27］金士发. 股票投资红宝书［M］. 北京：中国致公出版社，2007.

［28］纳西姆·尼古拉斯·塔勒布. 肥尾效应［M］. 魏国晨，译. 北京：中信出版社，2022.

推荐书单　　　　　　　　　　　RECOMMENDED BOOKS

一、投资类

艾丽斯·施罗德著《滚雪球：巴菲特和他的财富人生》

沃伦·巴菲特著，劳伦斯 A. 坎宁安编《巴菲特致股东的信》

菲利普·A. 费舍著《怎样选择成长股》

彼得·考夫曼著《穷查理宝典》

本杰明·格雷厄姆著《聪明的投资者》

彼得·林奇著《彼得·林奇的成功投资》

乔治·索罗斯著《金融炼金术》

霍华德·马克斯著《周期》

格里高利·祖克曼著《征服市场的人：西蒙斯传》

杰西·利弗莫尔著《股票大作手回忆录》

格里高利·祖克曼著《史上最伟大的交易》

霍华德·马克斯著《投资最重要的事》

Seth A. Klarman 著《Margin of Safety》

利亚姆·沃恩著《闪电崩盘》

吉姆·斯莱特著《祖鲁法则》

迈克尔·刘易斯著《大空头》

吉姆·罗杰斯著《投资骑士》

威廉·欧奈尔著《笑傲股市》

饶育蕾、彭叠峰、盛虎著《行为金融学》

二、管理类

丹·塞诺，索尔·辛格著《创业的国度：以色列经济奇迹的启示》

彼得·德鲁克著《卓有成效的管理者》

吉姆·柯林斯著《基业长青》

瑞·达利欧著《原则》

丹·艾瑞里著《怪诞行为学》

迈克尔·波特著《竞争战略》

史蒂芬·柯维著《高效能人士的七个习惯》

稻盛和夫著《活法》

彼得·圣吉著《第五项修炼：学习型组织的艺术与实践》

杰克·特劳特著《营销定位》

黄卫伟著《以奋斗者为本》

彼得·蒂尔著《从 0 到 1：开启商业与未来的秘密》

维申·拉克雅礼著《生而不凡：迈向卓越的 10 个颠覆性思维》

吉姆·柯林斯著《从优秀到卓越》

杰克·韦尔奇著《杰克·韦尔奇自传》

三、心理学类

汉弗莱·B. 尼尔著《逆向思考的艺术》

丹尼尔·卡尼曼著《思考，快与慢》

古斯塔夫·勒庞著《乌合之众》

亨利克·费克萨斯著《读心术》

高德著《洗脑术》

拉斯·特维德著《金融心理学》

大卫·E.阿德勒著《投资决策中的心理博弈》

戴维·巴斯著《进化心理学》

村居孝美著《交易心理学：养成股票交易赢家的思维模式》

高铭著《天才在左，疯子在右》

弗洛伊德著《梦的解析》

查尔斯·麦基著《大癫狂：非同寻常的大众幻想与群众性癫狂》

四、哲学类

冯友兰著《中国哲学简史》

邓晓芒／赵林著《西方哲学史》

叔本华著《人生的智慧》

张笑恒著《培根的人生随笔》

胡适著《人生有何意义》

比尔·布莱森著《万物简史》

曼弗雷德·盖尔著《康德的世界》

拉尔夫·沃尔多·爱默生著《生活的准则》

A.E.泰勒著《苏格拉底传》

乔斯坦·贾德著《苏菲的世界》

柏拉图著《理想国》

五、宗教类

星云大师著《觉悟的生活：星云大师讲〈心经〉》

索甲仁波切著《西藏生死书》

麦克斯·缪勒著《宗教的起源与发展》

爱德华·泰勒著《原始文化》

约瑟夫·坎贝尔著《千面英雄》

西格蒙德·弗洛伊德著《图腾与禁忌》

维琪·麦肯基著《雪洞：喜马拉雅山上的悟道历程》

罗伯特·莱特著《洞见：从科学到哲学，打开人类的认知真相》

南怀瑾著《金刚经说什么》

赵林著《黑格尔的宗教哲学》

六、人物传记与历史

罗伯特·斯基德尔斯基著《凯恩斯传》

伊安·罗斯著《亚当·斯密传》

华杉著《华杉讲透孙子兵法》

埃米尔·路德维希著《林肯传》

安东尼·桑普森著《曼德拉传》

沃尔特·艾萨克森著《史蒂夫·乔布斯传》

萨提亚·纳德拉著《刷新：重新发现商业与未来》

史迪夫·劳著《我是未来：尼古拉·特斯拉传》

亚当·杰佛逊著《在火星上退休：伊隆·马斯克传》

张宏杰著《曾国藩传》

威廉·曼彻斯特著《光荣与梦想》

鲁思·本尼迪克特著《菊与刀：日本文化的类型》

约瑟夫·C.格鲁著《使日十年》

林语堂著《苏东坡传》

苏世民著《我的经验与教训》

西蒙·佩雷斯著《大梦无疆西蒙·佩雷斯自传》

最后，我想用几句话结束本书：

◇ 人的一生中，最好的投资永远都是投资自己的大脑。

◇ 不要在意日常的琐碎，要厚积薄发，抓住改变命运的操作。

◇ 金融投资中有两类企业极具价值：改变世界的企业和不被世界改变的企业。

◇ 永远保持热爱，保持健康，保持成长。

◇ 生存、生活、生命是投资事业的三层表达。

◇ 买入优质企业的股权、核心城市核心地段的房产，古今中外永远都是对的。

◇ 伟大的背后常常都是苦难，都是熬出来的，永不放弃，目光远大。

◇ 人的一生无非是一场体验、一场游戏，放下我执，建设自我，追求无我。

◇ 终生学习，保持进化。进化是这个世界的原规则。

在这个世界上，我们有三种变现回报的方式：多数人靠能力变现，少数人靠认知变现，极少数人靠福报变现。

感谢阅读，最后再次祝您福报满满！盈利多多！